係活動にちょっとひと工夫

「プロジェクト活動」のススメ

ヒミツキチ森学園
青山雄太［著］

明治図書

プロジェクト活動で生まれるもの

●プロジェクト活動のよさ

・エネルギーが適切に分配されること
・先入観が崩れること
・システムの柔軟性が内包されていること
・一人の熱狂から生まれるプロセスがあること
・好きなことで認められること
・当事者であるつくり手が増えていくこと

●プロジェクト活動で伸びる力

・責任感　・自立する力
・調整力　・マネジメント力　・熱狂力

支えるツール

●プロジェクトの画用紙

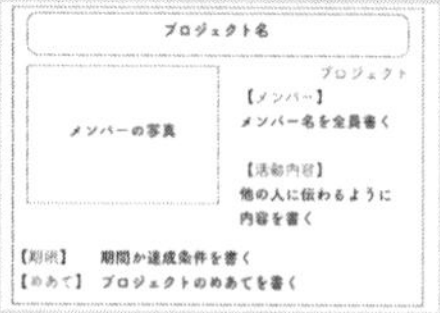
プロジェクト名
メンバーの写真
プロジェクト
【メンバー】
メンバー名を全員書く
【活動内容】
他の人に伝わるように
内容を書く
【期限】　期間か達成条件を書く
【めあて】　プロジェクトのめあてを書く

●計画やカレンダー

自立学習予定表

●ルーブリック

戦略

ピーク期　振り返り・アプリシエーション

上昇期　見える化・コラボ

始動期　時間を取る・分担を学ぶ

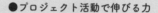

プロジェクト活動のススメ

毎年必ずやる「係活動」を少し変えて「プロジェクト活動」にすると

●係活動の閉塞感を越えて、前向きに活動に取り組める

●他の活動と混ぜることで、学校の時間に余白を生み出せる

さらに

●一人の好き・熱狂が認められ、子どもたちが生き生きと輝き出す

●当事者であるつくり手が増え、学級によい影響をもたらす

活動のルール

・自分たちのやりたい×クラスに貢献

・常時プロジェクトとイベントプロジェクト

・メンバーは2〜4名
掛け持ちは相談

土台になるクラスづくりのための問い

・凸凹のある一人ひとりが強みを発揮し成長しようとしているか

・クラスでは子どもたち一人ひとりがどのように大事にされているか

・子どもたちが心からやりたいことに、自己選択・自己決定があるか

・クラスの中で、先生としてのあなたの役割は何か

・本音の対話ができる文化がクラスにあるか

・システムを見ながら、振り返る毎日に生きているか

はじめに

六年生の担任をしていたある年、９月を越えても全く手応えがなかった。教室で活躍する子は一握り。クラスを引っ張る存在もなかなか出てこない。よく言うと大人しい、悪く言うと自分を表現できず消極的、そんなクラスだった。

なんとなく自分自身もワクワクする感じがしない。いや、そんなふうに担任のボクが子どもたちを信じられなくてどうするんだ。葛藤を抱えながら日々を過ごしていた。

その日は珍しく遅くまで仕事して、いつもの川沿いの道を自転車をこいで帰っていた。家族にドーナツでも買って帰ろうか、そんなことを考えながら。

気づくと夜空が見えた。知らない誰かに声をかけられている。

「おーい、大丈夫ですか？」

「は、はい…」

辺りを見ると、ボクの自転車が転がっている。タイヤも曲がっている。

「あれ、どうしたんだ」

手にはちょっとだけ、血もついている。

状況を整理してみる。怪我の状況を見ると、ボクは倒れて、記憶を失ってしまっていたらしい。

フィクションではない。これらはすべて本当の話だ。


どうにもならないクラスの状況。迫り来る六年生の一大行事。

どうやら、ボクはだいぶ疲れていたみたい。川沿いの道、街灯がない暗闇の中で、自転車をこぎながら眠ってしまったらしい。眠ったまま自転車とともに車止めにあたり、吹っ飛び顔から落ちて、擦りむいた。ヘルメットをかぶっていなかったら、命も危なかったかもしれない。


その後、妻に連れられて病院に行った。頭を打っている可能性が高いと言われ、ＭＲＩも撮った。生まれてはじめて、テレビでよく見るあの輪っかの中に、ドキドキしながら入った記憶は今も鮮明に残っている。
ドーナツを買って帰ろうと思っていたのに、自分がドーナツの中に入ったな、そんなアホなことを思いながらも、検査結果を待つ間、気が気じゃなかった。

結果は…異常なし。
病院を出る時にしみじみと思った。よかった近くに人がいなくて。そして、涙ぐむ娘を見ながら、助かってよかったと。

同時に感じたのは、このままじゃダメだという焦りだ。学級担任をしていると、クラスの浮き沈みを感じることがある。沈んでいる時期が長ければ、こちらに焦りも生まれる。この時はまさに追い込まれていた。

その後の一大行事もなんとか乗り切った。乗り切ったものの、クラスにはまだ勢いはない。毎日続けてきたコミュニケーションが功を奏し、どの子もいろんな子としゃべれるようになっていた。だけど、それだけだ。行事が終わると、いつもと変わらないちょっと後ろ向きな雰囲気。決して何かが変わったわけじゃない。手応えは依然としてない。

六年生の一年間を絶対に後悔してほしくない。でもどうすればいいんだろう。


だがそんな自分の想いと裏腹に、クラスはその後、急成長を遂げる。

10月を越えたあたりから、それまでが嘘のようにクラスがまとまり出した。

ボクが勤めていた小学校の自治体では、当時六年生は体育大会に参加していた（今はないらしい）。代表選手が陸上競技で交流するのに加え、みんなで表現運動を披露する。そしてもう一つがクラス最高記録を目指す3分間の長縄記録会だ。ボクらのクラスは300回を目標に長縄に取り組んできたが、当日までは284回が最高だった。

まとまっては崩れ、崩れては団結しながらも、クラスは踏ん張った。

大会当日は目標を超える301回の「クラス最高新記録」を出し、子どもたちとハイタッチしながら、大いに盛り上がった。4回目の六年生担任、当日に最高記録が出たのは、これがはじめてだった。嬉しかった。


小学校には10年おきを目安に創立〇周年を祝う「周年行事」がある。クラスが選んだ取り組みは、ボクの苦手なアートだった。でも勢いに乗った子どもたちはここでも力を合わせ、みんなが満足し、観た人が驚く作品をつくり上げることができた。お祝いの映像が完成した時、体育大会とは違った達成感があり、みんなの喜ぶ顔があった。

一年生との仲もグッと深まり、教室の中で涙が出る心あたたまるシーンも現れ始めた。学習の中でも、これまで目立たなかった子たちが前に出てくるようになった。

ボクが怪我したからクラスがまとまった？

いや違う違う。怪我のことは子どもたちにも話していない。当時の六年生にこの本の中でインタビューしているのだが「やけに顔に怪我していた日があった」ことだけは覚えていて、笑いながら妙に懐かしがってくれていた。

冷静に振り返ると、二つの要因が見えてくる。

一つは、クラスで積み上げてきたものの成果が出てきたのだと思う。これについては、前著『先生が知っておきたい仕事のデザイン』にまとめておいた。ペアをつくること、対話すること、振り返りの積み重ね。何より先生と子どもたちとの間にたくさんのやりとりが生まれ、学級が変わっていく…そんなデザインの方法を書いた。一日の流れ、一年の流れについて、学級経営を起点にわかりやすく書いたので、まだ読んでない方はぜひ読んでもらいたい。

そしてもう一つがこの本に書く「**プロジェクト活動**」だ。

「プロジェクト活動」こそが、クラスをじわじわと変えていった。

学級経営に力を入れて取り組む中で、係活動を、会社活動に、そしてある時期からプロジェクト活動にと、ネーミングを変えていった。会社活動はご存知だろうか。学校中の教室をくまなく見てみれば、一つぐらい会社活動をやっている教室があると思う。いつから広まったのか、「発足、解散が自由」な係活動と認知されている。

最初知った時は画期的だった。でもいくつかしっくりきていない点もあった。係活動の域を出ないこと、そして高学年の活動が停滞することは変わらなかった。

ボクは、係活動をなんとかしたいと思っていた。

「高学年って係をつくっていても、みんな忙しいし委員会などもあるし、難しいのよね」

周りの先生は、総じてそう言っていた。高学年になると、この活動が重荷になってしまうのだという。

ただ、思う。本当にそうだろうか。

学校の中で「子どもたちのやりたい！」を形づくれるものは多々あるけれど、係活動ほど堂々と認められているものはない。係活動だけは、毎年全クラスやるし、大体子どもたちが自由に好きなことをしている。

ちょっと考えてみてほしい。

あなたの授業の中で、休み時間もワクワクしながらやり続けちゃう学習ってあるだろうか。そう、あんまりないはず。むしろ休み時間にも無理にやらせていた活動が記憶に残っている方も…。ボクだってそうだった。

でも係活動だけは、毎年どの教室でも「やらなくちゃ」より「やりたい！」が上回っている子が必ずいるんじゃないだろうか。それも一人や二人じゃなく大勢いる。

そんな子どもたちがワクワクしている活動を高学年になっても取り組める楽しい形にできないか。そんな係活動を、「プロジェクト活動」と名付けて実践を重ねてきた。記録を見ると、２０１２年あたりからプロジェクト活動を試し、２０１６年あたりからプロジェクト活動として年間を通じての実践に取り組んできた。

そしてこの年、プロジェクト活動がクラスをも変えていく手応えをつかむことができた。そうＭＲＩに入ったあの日、一つ変えられるならと決心したのは、このプロジェクト活動だった。その後の取り組みで、高学年だからこそ、プロジェクト活動が輝くのも検証できた。

ここ10年ほどの実践で生まれたこと、つかんだことを、この一冊でみなさんにお届けできたらと思う。実は今ボクが先生をしているヒミツキチ森学園でも、このプロジェクト活動は続いている。そんな地続きの実践も伝えられたら嬉しい。

プロジェクト活動をすることで、係活動の時に感じた閉塞感が解消されて、子どもたちが前向きに取り組めるようになる。実行委員と係活動を混ぜ合わせるなど、学校の時間に余白を生み出せる。さらには一人の好き・熱狂から始まり、みんなに認められることで、子どもたちが生き生きと輝き出す。当事者であるつくり手が増えていき、学級によい影響をもたらすようになる。まさによいことずくめだ。

プロジェクト活動は新しい取り組みではない。今ある係活動に少し手を加えるだけで始めることができる。

どうせ毎年やる活動。だったら、面白い活動に変えてみるのはどうだろう。

この本の読み方を、簡単に説明しておく。

1章は理論編。プロジェクト活動にすることを、学習指導要領だって推奨しているはず。そして係活動との違いやその変化についてまとめてみた。

2章はプロジェクト活動の始め方。この章を見てくれれば、全く知らない方でも始められるようになっている。最初の一時間のボクのクラスの様子も詳細に描いておいた。

3章はプロジェクト活動で起こったこと。ここではさまざまな事例が出てくる。今、プロジェクト活動について懐疑的な方は、ぜひこの章から読んでほしい。ボクのクラスで起こったエピソードから、前向きなエネルギーを感じてもらえたら嬉しい。

4章はプロジェクト活動を支えるクラスづくりについて。この章が大事だ。やり方だけを真似しても変化は起こらない。在り方を変えていこう。そして長期的に変えていくための方法を書いている。

5章は応用編。先生仲間が教室で取り組んだプロジェクト活動や、ボクがヒミツキチ森学園で学習に応用している例も書いている。総合的な学習の時間など広げていく視点をもちたい人はこの章も読んでほしい。

巻末にはQ&Aとして、活動の際に感じる難しさへの対応策をまとめておいた。

やり方だけじゃなく、在り方があなたに届いてほしいと、真剣に書き切った渾身作。あなたのクラス、学校の係活動がよりよいものに、そしてその向こうにいる子どもたちのワクワクした笑顔につながりますように。

それでは、お楽しみください！

青山雄太

目次

第2章 プロジェクト活動を始めてみよう

第3章 プロジェクト活動でクラスが変わる

第4章 プロジェクト活動を支えるクラスづくり

第5章 進化し続けるプロジェクト活動

巻末
Q&A

第1章

プロジェクト活動とは何か？

01

今、なぜ「プロジェクト活動」が必要か

プロジェクト活動とは？

プロジェクト活動とは、プロジェクト単位でゴールを決めて行う係活動のことです。この章では、プロジェクト活動がなぜ今必要か、ボクなりの見解をお話しします。

まずは今の社会の様子について目を向けてみましょう。よく今はＶＵＣＡの時代といわれます。ＶＵＣＡとは「Volatility：変動性」「Uncertainty：不確実性」「Complexity：複雑性」「Ambiguity：曖昧性」の四つの単語の頭文字をとった造語です。近年、コロナウ

ィルスをはじめとする世界的な流行病、突発的な水害や地震といった自然災害、ＩＴ技術の進化による産業構造の変化など、世界は激動のまっただ中。こうした背景のなか、日本企業においてもリモートワークをはじめとしたさまざまな変化が起きており、不確実で複雑、不透明で曖昧な社会情勢は、まさに「ＶＵＣＡ時代」ということができるでしょう。

不確実であり、正解が目まぐるしく変わる…そんなスピード感のある時代になりました。自分たちの周りでもこの一年でＮＦＴや生成ＡＩなど、聞きなれない言葉が一気に入ってきて広まりました。一年前には存在しなかったものが、猛スピードで社会に浸透し始める…ＧＩＧＡどころではない、次は何よ！　が正直な先生たちの気持ちだと思います。

そんな中、働き方も変わりつつあります。

数十年前は大きく仕事内容が変わるのは年度が変わる時だったのが、もう数か月単位で全く違う仕事に変わることもあるのだとか。ボクの妹は文具会社に勤めているのですが、企業の場合、役職はあっても、役割の固定化はしないと聞いています。仕事内容のサイクルも年々短くなっています。１か月や３か月をベースとして、素早くサイクルを回すのが当たり前になってきています。プロジェクトごとに社内や社外のチームを組み替えて働くカタチが主流になってきているのです。

子どもたちの興味・関心も、すごいスピードで変化しているのではないでしょうか。興味・関心を惹くものが多くあるため、「お茶の間のドラマ」が話題をかっさらっていたボクの青春時代とは、全く違います。相変わらずゲームは根強い人気ですが、ボクの時代では野球だった「王道の遊び」が少なく、多種多様な好みが尊重されるようになっています。「私の好き」がみんなと違ってもよくて、そこらじゅうに多様な「好き」が溢れている感じ…それが今の子どもたちの特徴でしょうか。

VUCA時代に望まれる教育

さて、こんな時代、望まれるのはどのような教育でしょうか。

生成ＡＩが答えをくれるものを子ども時代に一生懸命学ぶことは、どのくらい必要なのでしょうか。**ありとあらゆる面で意味を問い直す必要があるでしょう。**ここから数年、数十年で、学校も大きな変化を遂げるはずです。

この本のテーマである「係活動」に目を向けましょう。係活動って、あなたの子どもの頃から変わらずありますよね。子どもの時に「黒板係」を担当したことを今でも覚えています。あの頃なんて、担任の先生が教室に入ってくる前、扉に黒板消しを挟んで仕込むのが仕事でした（笑）。今となっては考えられませんね。

ただ、２０２４年も教室に入り掲示物を見てみると、係活動は30年前と大きくは変わっていないのです。「YouTuber係」など昔はなかったものが生まれていますが、その程度。社会の仕事が変わり、時代も大きく変わったのにもかかわらず、30年近く同じことをやり続けることに、ボクは違和感を覚えます。

常々思うのは、**学校は社会の縮図であるべきだ**ということ。

学校の中だけが守られて別世界になっていないこと。社会に出た時の子どもたちが直面する現実との間に齟齬が生じないようにしたい。「問いを解くこと」ばかりを求められていて、いざ社会に出てみると「問いをつくること」を求められる…それは酷です。

よりスピーディーな社会に合わせて、自分たち自身も刻一刻と変化に対応できる活動をしたい。好きなことを形にできる…いわばこれからの仕事に近いような係活動だからこそ、願わずにはいられません。

係活動は学習指導要領に内容が示されています。そして、日本中どこの教室をのぞいても必ず行っている活動です。「どうせ毎年やる」のだとしたら、**係活動こそアップデートして、子どもたちにとって教室にとって、社会にとっても有意義な活動に変えていくことに挑戦してみたいとは思いませんか。**

今までの学校で続いてきたことには確かな理由があります。では、その理由とは何で、ボクらはどのような形でアップデートしていくのがいいのか、そんな問いをもちながら読み進めてみてください。この本は一緒にその問いを解いていくための本です。

02

プロジェクト活動の特徴

プロジェクト活動は**プロジェクト単位でゴールを決めて行う係活動のこと**でしたね。プロジェクト活動の特徴をさらに細かく、次に挙げてみます。

・スタートやゴールを自分たちで設定する活動
・常時プロジェクトとイベントプロジェクトの２種類がある
・実行委員活動など学級の構成要素と混ざり合う活動

スタートやゴールを自分たちで設定する活動

係活動の終わりは、たいてい学期末でしょう。どの係も「学期末が来たら終える」が当

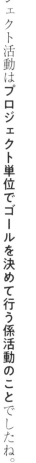

たり前でした。

それをまずなくそうと考えました。なぜなら、**それぞれがゴールを設定できることで、自分たちのモチベーションをコントロールできると考えたから**です。プロジェクト活動には、短期間だからこそ行える熱狂的なものと、長期間で積み上げていくからこそ価値のあるものの二つがあります。活動の特徴を無視して、全部一律に同じ時期に終わる…それは不合理だと思いました。活動の特徴に合わせて、そして活動を行う子どもたちの特徴に沿って、ゴールを設定できるようにします。

ゴールには2種類あり、期限と達成条件です。期限とは何月何日までにやるという時間的な条件、達成条件とは「〇〇集会を実行する」などの実行条件です。そういった期限や達成条件を自分たちで柔軟に設定できるのがプロジェクト活動の特徴です。

ゴールがあるからこそ、プロジェクト活動に熱中することができます。みなさんも通知表の所見、「あと5人」ってわかるとパワーが出ますよね。ボクらが何かの活動をする時、**「初頭努力」と「終末効果」というものが生まれます**。ここでは詳細な説明は省きますが、簡単に言うと、**やり始めには力が出る、残りわずかでも力が出る**というものです。

プロジェクトのスタートやゴールが、一律の時期に揃っているのではなくて、自分たちで設定できるからこそ、モチベーションの高さが維持できるのです。

常時プロジェクトと　イベントプロジェクト

先ほどの説明の長期の活動が常時プロジェクト、短期の活動がイベントプロジェクトになります。実際のプロジェクト例はＰ73に載せてありますが、かんたんに例を示すと、下の表のようになります。

常時プロジェクト	・集会プロジェクト ・ハッピーバースデイプロジェクト ・新聞プロジェクト
イベントプロジェクト	・50m走速くなろうプロジェクト ・鉄棒プロジェクト ・春限定植物プロジェクト ・腕相撲大会プロジェクト ・忘れ物なしプロジェクト

50メートル走や鉄棒などは、体育の授業と関連して行われています。だからこそ、授業期間に合わせた１か月程度のプロジェクトとして機能していました。

この二つのプロジェクトの違いを子どもたちが認識してい

ると活動しやすいです。例えば掛け持ちをするなら、常時を二つではなく、常時一つとイベント一つにするなど、プロジェクトをつくったり、入ったりする際に、自分自身で判断できるからです。

実行委員活動など
学級の構成要素と混ざり合う活動

このことは、プロジェクト活動を運営していく上で大事なポイントです。学校では実行委員活動を実践しているところがほとんどではないでしょうか。例えば宿泊体験学習の時期には、クラスごとに数名が体験学習の実行委員となり、企画していきます。体験学習前の期間、その子たちは忙しくなり、係活動どころじゃなくなるんですよね。この忙しさのコントロールに配慮できないのが係活動でした。だから高学年で停滞するのです。

どうせなら実行委員は、**そのままイベントプロジェクト化すればいいと思っています**。体験学習プロジェクトとしてしまえば、プロジェクト活動の時間を使って実行委員の活動ができるという利点があります。

さらには、クラスで実行委員になりたくてもなれなかった子っているじゃないですか。

その子たちをクラスのプロジェクトでは一緒のメンバーにすると、クラスのことと学年全体のことを分担できて、活動することができます。自分が涙を流すほどやりたかった活動を諦めた子が、再度クラスの中でのプロジェクトとして頑張る姿は、先生にとってもとても嬉しい瞬間です。

こうやって実行委員の活動も混ぜ込むことで、様々な子の幸せにつながっていきます。つまり、プロジェクト活動って、**普段学校にある活動のデメリットを減らす役割**もあるのです。デメリットが減らせるということは、いろいろな子が熱中するポイントが増えていくということ。

「このプロジェクト活動ってボクらの味方なんだ。すっごい便利じゃん！」

ある子の振り返りが、今でも忘れられません。

プロジェクト活動が係活動以上に子どものやる気スイッチを押しやすいのは、この特徴があるからだと思っています。

03

係活動とプロジェクト活動の違い

ここでは、プロジェクト活動について深掘りしながら、係活動との違いを見ていきましょう。次ページの表を見てください。

一つの係・プロジェクトの人数については大きな違いはありません。しかし学級の中にある係の数は、すべてが同じ時期に終わることから一人が一つの係にしか入っていないので、学級の人数÷3～5で決まってきます。それに対してプロジェクト活動の数は、掛け持ちもできるため、より流動的になります。7～9個のこともあれば、10個を超える場合もあるでしょう。

また期限（ゴール）は、係活動が学期末を目安に（年2、3回）行われるのに対して、プロジェクト活動は、ゴールを自由に決めることができます。それゆえ、一年に5、6個のプロジェクトを回す子もいれば、１、２個にじっくりと取り組む子もいます。それぞれの子どもたちの特徴に合わせて、設定できることになります。

ボクはそれぐらい子どもたちには個人差があると思っています。**大切なのはその個人差に応じて、納得して取り組める仕組みを設定すること**です。

活動の中身については、係活動では、期限が決まっていることや全員が一つずつ入るという縛りから、突拍子もないアイデアは採用できないかもしれません。しかしプロジェクト活動では、短期のものであればいくらでも試すことが可能です。また高学年になると、他の活動に押されてしまう係活動に対し、プロジェクト活動では、実行委員や委員会活動と混ぜながら、ますます活性化していきます。

係活動		プロジェクト活動
３～５人 クラスの児童数÷係の数	活動する人数	２～５人
８つ程度	クラスの係の数	掛け持ちがあるため 流動的
２か３個	一年に一人の子が 取り組む活動数	１～10個
学期はじめを待つ必要がある	スタート	いつでも立ち上げ可能
学期末であることが多い	ゴール（期限）	不定期、自分たちで設定
ある程度固定	活動の種類	多種多様になっていく

毎年の活動があり、固定気味の係活動と対象的に、プロジェクト活動では多彩な活動が展開されます。高学年になればなるほど、アイデアの幅が出て面白くなっていきます。

前項で述べたように、むしろかゆいところに手が届く！それがプロジェクト活動の可能性だと思っています。

学習指導要領から プロジェクト活動を考える

ここで学習指導要領についても見ておきましょう。学習指導要領では、特別活動全体の目標として、「集団や社会の形成者としての見方・考え方を働かせ、様々な集団活動に自主的、実践的に取り組み、互いのよさや可能性を発揮しながら集団や自己の生活上の課題を解決することを通して、次のとおり資質・能力を育成することを目指す」とあります。

この「**集団活動に自主的、実践的に取り組むこと**」、さらに「**互いのよさや可能性を発揮しながら**」というのは、各々の強みを活かすということ。プロジェクト活動だからこそ、それらを自主的に使い、クラスに貢献する力が養われます。

また「**集団や自己の生活上の課題を解決することを通して**」についても、いつでも発足可能なプロジェクト活動の特徴が生かされます。いつ発足するのも自由ということは、アイデアを形にしやすいのです。普段から子どもの願いが生まれやすい状況は、「こんなプロジェクトどうかなぁ」と課題を解決するためのスタートが切りやすいと言えるでしょう。

次に学習指導要領から、係活動の項目を見てみましょう。

(1)学級や学校における生活づくりへの参画の、イ　学級内の組織づくりや役割の自覚には、「**学級生活の充実や向上のため、児童が主体的に組織をつくり、役割を自覚しながら仕事を分担して、協力し合い実践すること**」とあります。

解説には、

「この内容において、児童が主体的に組織をつくるとは、例えば、係活動において、学級を楽しく豊かにするために必要な係を出し合い、**合意形成によって組織をつくっていくことである**。その際、学級における係の役割を自覚し、活動内容を決定して、仕事を分担しながら協力して実践することが大切になる。これらの組織が機能し、活発な活動が展開されることにより、学級生活の充実や向上を図ることができる。学級生活の充実や向上のため、**児童が主体的に組織をつくり、役割を自覚しながら仕事を分担して**、協力し合い実践すること」

とあります。

　ここでいう、**合意形成によって組織をつくっていくのは、年に数回ではなくて、いつでもできることの方がいいのではないでしょうか。**特にこれからの時代では、自分の仕事を自分でつくっていくことが求められます。与えられるのを待つのではなくて、自分の中の「やりたい」と「クラスへの貢献」とを組み合わせて、クリエイティブにつくっていく力こそ大事だと思うのです。

　また「学級における係の役割を自覚し、活動内容を決定して、仕事を分担しながら協力して実践することが大切になる」。活動内容を決定していき、役割を自覚していくのだって、そこにはたくさんの成功と失敗が試行錯誤できている状況が望ましいと思うのです。時期やタイミングをより柔軟に取れるプロジェクト活動は、試行錯誤の可能性も広げてくれるのではないでしょうか。

　このように、学習指導要領をよく読んでみると、**プロジェクト活動にすることで、現在の学校教育が目指すところに向かいやすいのだと言うことができます。**

04
係活動をプロジェクト活動にすると何が変わる？

教員時代から、毎年プロジェクト活動を行ってきました。その中で見えてきたこと、わかったことを次に挙げてみます。プロジェクト活動にしたことで起こった変化とはどんなものだと思いますか。

エネルギーが適切に分配される

係活動の時は、実行委員をやる子がたくさんいる時期だったり、行事が集中する時期だったり、委員会が忙しかったりする時は、係活動への意欲がバラバラだったんですね。係活動の時間をとりたいけど、みんなそれどころじゃないよなぁ。でもやりたいっていう声も一部から上がっているし…忙しい子と、割と時間がある子が混ざっている状態。どちらに合わせることもできなくて、結局やらないことを選択してしまう。それが悩みでもありました。こんな中途半端な状態、先生のあなたならきっと心当たりがあるはず。

プロジェクト活動にすることで、この状態が解消されたのは大きかったです。みんなが「自分たちのやりたい」を高いレベルを保って活動できるのが、プロジェクト活動の強みだと思っています。詳しくは　P50のプロジェクト活動の風景をご覧ください。

培われる責任感と自立する力

またプロジェクト活動で培われるのが、**責任感と自立する力**です。

P7に出てくる長縄大会では、「長縄プロジェクト」の3名は、活動前は頼りない雰囲気が出ていました。みんなに呼びかける声もなんか頼りなく、こちらが心配になるくらい。体育大会に向けて、クラスは3人を中心に懸命に練習を重ねていきます。プロジェクトのメンバーが振り返りをまとめたり、練習時間を設定したりする中で、少しずつ活動への責任感が湧いてきました。

「係よりもプロジェクトの方が任された感がある」

「え、誰から？」

「なんか、社会から（笑）」

なんて声も飛び出すほど。プロジェクトと決めた時の子どもたちの責任感は、高まることがわかりました。びっくりしますが名前ひとつでこんなにも違うものです。

実際にこの子たちは大会が近づくにつれて、頼もしさが増しました。ペアクラスの一年生に大会前に見てもらい、応援してもらうことを提案したのもこの子たちです。

そして大会当日、円陣の中央で声を出したその子たちの活躍もあって、見事、最高記録&目標記録を超えることができました！

先生の先入観が崩れる

もう一つ挙げるとしたら、**先入観が崩れること**です。

みんなで係の時間をとらなくちゃいけないという思い込みがあった時は、どうしても窮屈に感じていたのです。そこに係活動以外をする人が入ってきたらどうなるのか…実行委員をやっている人、学習をしている人、ごちゃ混ぜになることでいいものが生まれないか。

そう、**ほんのちょっとずらすことで活動が活性化していったのです**。

係の時間は全員が係活動をやらなくちゃいけない、実行委員は選ばれた人だけが活動するべき…そんな先入観が崩れたことで、プロジェクト活動が生まれ、生まれたプロジェクト活動がボクや子どもたちの先入観を壊していく、そんなサイクルに入ったんですね。

プロジェクト活動なら二人でも活動ができる、掛け持ちしてエネルギーを発揮していく子がいる、そんな発見は自分の共生としての在り方にも変化を及ぼしました。

先入観が崩れ、アンラーニングしている状態が生まれ続けることで、活動が活性化されてきたのだと、ボクは分析しています。

子どもたちのエネルギー、そして責任感、アンラーニングし続ける活動…この力によって、プロジェクト活動では子どもたちの活躍がより多角的になるのです。勉強ができる、スポーツができる、そういうわかりやすい活躍だけじゃなくて、いろんな子が自分の個性を発揮し、クラスに貢献できる。お互いの強みやワクワクで生まれたものを、仲間と認め合える時、こんなにもクラスは変わっていくんだ…というのを実感した瞬間でした。

05 プロジェクトを学習に応用すると

シームレスにつながっていく感覚

「はじめに」でも挙げたように周年行事に向けてのプロジェクトが発足した時のこと、学年での実行委員も含めて多くのメンバーが周年プロジェクトに立候補してくれました。すると面白いことに、それからの時間、**プロジェクト活動なのか、総合的な学習の時間の授業をしているのかわからなくなったのです**。ある子たちは周年行事に向けての取り組みに忙しい中で、他の子は、卒業に向けたプロジェクトに取り組んでいました。

「先生、まとめて卒業に向けた時間でよくない？」

子どもに言われて、なるほどなぁと。

「あ、プロジェクト活動にすることで学習ともつなげやすく、混ざっていくのは面白い」

そう感じた瞬間でした。

それ以降、境目が薄まり、学びの中でプロジェクト活動が生きる場面が増えたのです。具体的に話すと、学習が始まる時期と連動してプロジェクト化を促すことが多くなりました。

体育の授業などがわかりやすいのですが、水泳の季節に、水泳プロジェクトを、鉄棒の季節には鉄棒プロジェクトを。体力自慢のヤンチャな子が、優しくみんなに教える姿が生まれました。水泳は運動ができるできないより、経験がものをいう世界。運動が得意でないけどスイミングスクールに通っている子たちが、家での練習方法などをノートに書いてみんなに伝えるという微笑ましい姿もありました。

また、学習中に起こったことをプロジェクト活動の時間に振り返りも兼ねてまとめていったところ、クラスの一体感がぐんと増したこともありました（P109漫画プロジェクト参照）。彼女たちは家でも漫画を描いていて、もう学びなのか遊びなのか、授業なのか休み時間なのか、ごちゃ混ぜになりながら活動を続けていました。

このいろんな**ことがシームレス（境界線なし）につながっていく感覚**が、プロジェクト活動だとたくさん生まれてきます。

オルタナティブスクールでも生きるプロジェクト活動

ボクが今いるヒミツキチ森学園でも、この「ごちゃ混ぜになる」「つながる」感覚というのは、とても生かされています。

オルタナティブスクールの特徴の一つとして「時間割」が挙げられるのですが、ボクらは午前中にブロックアワーが2時間、午後にプロジェクトアワーが1時間半という、一日3時間半授業という特徴的な学習時間を設定しています。そのうち、「プロジェクトアワー」は探究の時間。みんなでテーマに沿って探究する「ラーニングプロジェクト」、運動会や修学旅行を自分たちで企画する「イベントプロジェクト」、そして自分たちのやりたいをとことん追究する「クラスプロジェクト」があります。

23年度、4年目を迎えてスタートしたクラスプロジェクトでは、ボクの今までのプロジェクト活動の経験が存分に生きています（詳しくは5章を参照）。

子どもたちは、自分たちがやりたいことをプレゼンで提案。そのプレゼンの内容によって予算が入ります。予算を使って、自分たちがやりたいこと、かつ学園に貢献できることをどんどん生み出していっています。

それは、学習の時間だけじゃなく家でも、休み時間でも、関係ありません。あの時感じたプロジェクト活動の感覚が、無我夢中に取り組む子どもたちの姿になって、今のヒミツキチにも生きているのは確かです。

プロジェクト活動は、学習との連携もできるし、探究学習にもつながってくる、境界線を超えての活動へと発展する可能性を秘めています。係活動でも近い形にはできると思います。しかしながら、「プロジェクト」というネーミングが、短期間での活動も認められるその柔軟性が、学習の垣根をこわしていきます。

プロジェクト活動の可能性をここまで見てきました。みなさんにも概要が伝わったでしょうか。2章では、実際にプロジェクト活動を始めるにあたってのあれこれについてまとめていきます。

Column 01

プロジェクト活動の誕生秘話

ここでは、プロジェクト活動がどんなふうに生まれたのかを振り返ってみる。

ボクは若い頃から学級経営に力を入れてきた。もちろん授業を蔑ろにしてきたわけじゃない。でも、**初任であらゆることに戸惑い、経験不足だった時、即効性があるのが学級経営だった。**授業という上達に時間がかかるものよりも、学級の中のシステムを動かしていく方が、初任の自分にとっては効果が出やすかったのだ。

そんな中、係活動にも力を入れていた。2校目では、当時広がってきつつあった会社活動も取り入れてみた。でもしっくりきてなかったのは、前述の通りだ。

この間、授業は、プロジェクト型の授業を全面に取り入れていくなど、授業もシステムを学習者中心に変えていった。

係活動でよく言われていること。
・活動が停滞する　・高学年は係活動に時間を避けない
・子ども任せになり活動の時間をとれない
そこに疑問をもったことも最初にみなさんに話した。

ボクは相当負けず嫌いなのかもしれない。「こういうもんだ」って言われると、本当にそう？と問い直したくなる。ここでも、その癖が出た。ワークショップ型で学んだこと※を生かして、新しいシステムをつくれないだろうか。高学年だからこそ生きる形はないだろうか、そんな試行錯誤をしていた。


記録によると、2012年頃から、係活動の代わりではなく、イベント的に「プロジェクト」という言葉を使うようになっていた。ワークショップ型の授業でも「プロジェクト」という言葉がたまに出てきていて、そこから名前を借りるようにしていたんだ。

四年生の担任になったある年、一つの取り組みが身を結ぶ。それが、「ドッジボールプロジェクト」だ。当時、学校ではドッジボール大会があった。集会委員が企画する大会だったので、最初は娯楽的に楽しめればいいと思っていたが、この年、本気でやってみると何が起こるか確かめたくなった。

子どもたち以上にボクがワクワクして、たくさんの動画を見漁って、子どもたちと見つけた必勝法は、「ボールを失わないこと」。相手ボールになる確率を下げることで、勝てるんじゃないかと考えた。そのために、**至近距離で投げることが約束事になった。**至近距離で当てるとはね返ってマイボールが続くというわけ。

ボールが相手に取られなければ負けることはない。そうやって子どもたちが団結して、負けないチームになっていった。相手チームの研究はボクに任されて、対戦相手に合わせて特徴を伝え、チームも勝ち上がっていった。給食の時間は、食べながら作戦会議。子どもたちが約束事を伝え合いながら、精神的にもみんな強くなっていった。

ルールではなく決まりごとをもっているチームは強い。マイボールにしている時間が長くなったのは、狙い通り。あれよあれよという間に決勝戦まで勝ち進んだ。

しかし、決勝戦では、惜しくも六年生に敗れてしまい、悔し涙を飲んだ。

ただ、大会の振り返りをした時に、**子どもたちもボクも期間中ずっとワクワクしていたことに気づいた。**ドッジボールが得意だとか、苦手だとかは関係なく、みんながワクワクしていた。

※プロジェクトワークショップ著『増補版 作家の時間：「書く」ことが好きになる教え方・学び方【実践編】』（新評論）

「この一か月間、本当に楽しかったね。またやりたいな」
どの子からもそんな声が上がっていた。

次なる問いが生まれた。この盛り上がりって、大会だから生まれたのだろうか。日常に生み出せないだろうかと。**一年の中で継続的に生まれるためには、学級のシステムの中に入れる必要がある。**

そうして翌年から「プロジェクト活動」を、係の代わりのシステムとして、年間を通して学級で取り組むようになった。数年が経ち、冒頭の六年生との出会いがあり、クラスを変えていく力があることを確信した。そしてヒミツキチ森学園でさらなる進化を遂げている。

実際に生まれたプロジェクトは、3章でもたくさんのストーリーが出てくるので、楽しみにしていてほしい。

第2章

プロジェクト活動を始めてみよう

01
プロジェクト活動がある教室の風景

さて、この章ではプロジェクト活動を実際に始めていくにあたって、いくつかのイメージをもっていただきたいと思っています。

まずはプロジェクト活動のある風景を描いてみました。ある年のプロジェクト活動の時間を思い出しながら、その時先生の周りで起こっていることを描きました。フィクションとノンフィクションが混ざり合っていますが、まずは、プロジェクト活動が展開されている教室の風景をイメージして、お付き合いください。

①先生からのインストラクション（5分程度）

「プロジェクト活動の時間を始めます」

「始めまーす」

スタートしたプロジェクト活動の時間、最初の5分だけはボクのインストラクション。

「先生、早くプロジェクトがしたいです！」

「そうだよね、でも5分だけ聞いてー」

「今日はプロジェクトがうまくいってないっていう相談があったんだよね。ちょっとケンカ気味。そんな時みんなだったらどうするかを、そのプロジェクトのために、または自分たちがいずれそうなった時のために教えてくれない？」

―挙手

「うまくいってない原因を分析する」

「時間を置く、結構時間経つと、まいっかってなるじゃん」

「とりあえず進めてみて、物事動いているうちに、なんか見えてくるんじゃない」

「先生、そのプロジェクト、何がうまくいってないの？？」

「そうそう、〇〇曜日の中休みに集まろうとしているんだけど、みんな集まれないらしんだよね。だから、ちゃんと集まっている人が怒っちゃって」

「なるほど、じゃあその約束を忘れないように、みんながメモを持っておくのは？」

「いや、そもそもその曜日じゃないとダメなのか、中休みじゃないとダメなのか、話し合った方がいいよね」

「できるなら朝の時間とか、授業の合間とか、休み時間を使わなくても活動できる可能性は？」

これ以外にも、揉めた時の対処法としてたくさんの意見が出てきました。

「みんな、ありがとう！ボクもメモして掲示しておくね。きっと悩んでいたプロジェクトもこれらの中から何かを選んで前に進めそう！それじゃプロジェクト始めましょう」

「はーい！」

教室での最初の5分間と最後の5分間は、みんなで共有する時間。最初の5分間はミニレッスンだったりインストラクションだったり。プロジェクト活動で大事なことをみんなで考えたり、共有したりする時間。なるべく短くできるようにしています。

②各プロジェクトでの活動

いよいよプロジェクト活動が始まりました。子どもたちは各々の活動を進めています。「占いプロジェクト」は図書館から借りてきた資料やタブレット端末を使って、早くも占いを集めています。毎朝発表してくれるこの子たちの占いは、クスッと笑っちゃうんですよね。今日は「きのこ占い」で、あなたにぴったりのキノコを教えてくれました。

横では真剣な顔つきで、四人が話し合っています。この子たちはクラスの「宿泊体験プロジェクト」のメンバー。クラスでのバスレクについてあれこれ意見を出しています。

「いやぁ、酔いそうな人はタイヤの上の部分がいいって言ってたよね。だったら、〇〇さんをこの席にしないと」

「そうだよね、紙を見てのバスレクだと酔っちゃうからね。この座っている並びをうまく利用できないかな」

当日をイメージしながら一生懸命会議中。中には学年の実行委員の子も二人混ざってい て、学年での実行委員活動とのパイプ役を担ってくれています。外と中をつなぐ役目、彼女たちにしかできないことだろうなぁ。

その奥では、「飼おうぜ生き物プロジェクト」のメンバーが、みんなからのアンケートを集計中。クラスで飼いたいものを相談中です。この中には飼育委員会のメンバーも二人いるので、学校で飼っているものとのバランスを考えているみたい。無難にメダカ、金魚などでいくのか、はたまた大物でいくのか、盛り上がって相談しています。

「あーなんかいいプロジェクトないかな!」

と叫んでいるのは、最近活動を終えた「○○さんお別れプロジェクト」の面々。前期の終わりに転校しちゃった○○さんのために、お別れ会を企画していたメンバーです。

自分たちの新しいプロジェクトは何にしようと考えているようです。数人は今あるプロジェクトに加わる形で参加したため、残ったのは二人。さて掛け持ちのメンバーを募って新しいプロジェクトが生まれたら楽しそう。

「そういや、隣のクラスでハロウィンパーティーするらしいよ！　うちらもやんない？しかもコラボしたら面白そう！」

時に、他のクラスと、他の学年と、地域社会とコラボしていくプロジェクトが生まれることがあります。誰かと「つながる」だけでこんなにエネルギーが生まれるのか。メモしておこう。

「〇〇、掛け持ちしてんのはいいけど、こっちにも参加して！」

「わかった、ごめーん」

掛け持ちしているメンバーは、どこのプロジェクトに参加するかも一時間の中で判断する必要があります。時に揉めたり、うまくやりくりしたりする中で、いい具合に失敗と成功を重ねて、うまく付き合えるようになります。いくつかのプロジェクトを運営するスキルというのは、社会に出てからも本当に大事。コミュニケーションの量もグッと増えて大変そう。二つ掛け持ちする中でいろいろなことを学んでいるのです。

―あれ、〇〇さんが泣いている。

どうしたの？と聞こうとする自分を止めて、ちょっと待ってみます。そうしたら他の子が歩み寄って、何やら話しています。

友達と揉めちゃったみたい。そういうことってありますよね。ボクが口を挟む時もあるけれど、もう後期、自分たちで解決できるクラスに育っています。

しばらくしてから歩み寄った子に声をかけます。

「○○さん、さっきはありがとう。友達に寄り添えるプロジェクトもあるといいね」

「考えてみます」

ちょっと嬉しそうに戻っていきました。

きっとこういうことの積み重ねなんだろうなぁと思っています、クラスをつくるということは。

スタートしたばかりのエネルギー溢れるプロジェクトも、はたまた活動が始まってだいぶ経ち、ちょっと停滞気味のプロジェクトもあり、子どもたちはいろんな段階にいます。

だからこそいい。そんな風景がボクのクラスには流れています。

02

プロジェクト活動のルール

プロジェクト活動をスタートするにあたって、次のルールがあります。

・自分たちのやりたい×クラスに貢献
・常時プロジェクトとイベントプロジェクト（Ｐ72に記載）
・メンバーは２〜４人　掛け持ちは先生に相談

自分たちのやりたい×クラスに貢献

自分たちのやりたいことと、クラスに貢献することの交わるところを目指す、これがプロジェクト活動の意義になります。やりたいことだけで誰のためにもなっていなかったり、

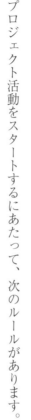

貢献ばかりを求めて自分のやりたいことじゃなかったり…そうではなく両方の要素があることが大事です。

ただ、全員が全員、自分のやりたいことがあるわけではありません。さらには、何で貢献できるかを自分ではわからない子もいるでしょう。そんな時に一つの方針となるのが、**プロジェクトメンバーが自分以外全員休んでしまったとして、一人でもやれる気持ちがあるか**です。それを子どもたちに確認します。

プロジェクトを組む時に、仲のよい友達と組みたがる子もいます。ただ、「一人でもやる！」という想いの人が集まってチームで活動するのと、「誰々に任そう」という気持ちの人が集まってグループとして活動するのは、違いがあります。「ボクらはゴールを共有したチームでありたいよね」というのも、いつも最初の時間に話すことです。

結果的に、仲のよい子で固まってしまっても、それはそれでOK。でもこういう話を根気よく続けていくことや仲良しの子と、離れてみてもうまくいった経験を積み重ねていくことが大切です。

試してみて見えてくる、自分じゃわからないよさもあります。「○○は苦手」としていることが、本人の特徴なのか思い込みなのかは、小学生のうちはわかりません。だって、国語が大の苦手としていた自分が、こうやって本を書いているんですから。

自分のやりたいことと、誰かのために貢献できること、ボクらは生涯をかけて、仕事をしながら、その中身を探究していくのかもしれません。教室の中の一つの活動が、そんな一歩につながったら嬉しいです。

「メンバーは２〜４名」「掛け持ちは先生に相談」

次にプロジェクトメンバーの話です。人数は基本的には２〜４名としていました。これは、もう少し多い人数での活動をＯＫにしていた時もあるのですが、５名だと多すぎて責任感が薄れるというのが子どもたちの意見でした。これにはボクも同感で、４名ぐらいまでがバランスのよさを感じたのも事実です。あるプロジェクトがゴールで解散して、他のプロジェクトに急遽加わるなんてこともありますので、追加できる人数を考慮して４名がベストだと思っています。あくまで「基本的に」として、それ以外の人数であっても認めることがあります。

また「掛け持ちは先生に相談」としていました。まず、常時プロジェクトを掛け持つことは、基本的には難しいのでおすすめしません。常にあるプロジェクトというのは、長期的なエネルギーと責任感が必要になります。二つを掛け持つのは難しかったので、「常時×イベント」の掛け持ちか、「イベント×イベント」の掛け持ちでした。この組み合わせって面白いんですよね。常時プロジェクトをきっちりやっていく「仕事人スタイル」が得意な子もいれば、イベントプロジェクトをいくつも渡り歩いていく「プロデューサー」みたいな子も出てきます。クラスの子たちの得意不得意が見えてくる瞬間だと思います。

また、「掛け持ちは先生と相談」にしていたのは、子どもたちの行動から見える可能性を見極めるためです。

「約束しているのに、あの子はプロジェクトやろうって時に、いないんだよ」という不満話はよく耳にします。そしてそういう子ほど、「先生掛け持ちしたい！」と言ってきます。その掛け持ちがどんな気持ちから来ているのかを大事に聞いていきます。「人間関係がうまくいくかわからないから、二つにしておきたい」そういう気持ちを話してくれることもありました。だったら、人間関係を大事につくることにトライしてみようがじっくり一つのプロジェクトに絞ってみようとなったのです。

そういう意味での相談です。ジャッジではありません。**なぜ掛け持ちしたいのかを丁寧**

に聞くこと、大事にしたいですね。

ある時は責任感の話をして、

「一、二か月やってみて、自分でも友達からもできそうだと認めてもらってからでもいいんじゃない？」

という話をしたこともありました。

どの子がどんなキャラクターなのか、つながりをもっているのかわからない４月のスタートでは、掛け持ちは控えていました。でも段々といろいろな子が掛け持ちできるようになる…、それは信頼と成長の証なんでしょう。

ここで挙げたのは、ボクが基本ルールとしていたことです。あくまで基本ルールですので、学級の実態や先生の特徴に合わせていくらでもアレンジしてみてください。

「これをやったらうまくいかなかった」ではなくて、うまくいくためにこんなふうに考えてみたという、あなたの方法を見つけましょう。

03

プロジェクト活動の1時間目に伝えること

はじめてのプロジェクト活動、新しいことを始める時はドキドキしますよね。ここでは、みなさんが始めやすいように、プロジェクト活動1時間目の実際の場面をお伝えしようと思います。四年生をモデルに、1時間目の流れを示していきます。

係活動との違いを説明

「では係活動を決めていきたいんですけど、このクラス（学年）では係活動のこと、プロジェクト活動って呼ぼうと思います」

「プロジェクト活動？」

「そうそう、普通の係活動と何が違うか、丁寧に説明するからよく聞いていてね」

「プロジェクト活動っていうのは、『自分たちがやりたい×クラスに貢献できる』を大事にした活動なんだ。自分たちがやりたいってのは言わなくてもわかるよね。やりたくない仕事的なものじゃなくて、やりたいもの…三年生までは窓係とか黒板係とかあったと思うんだけど、それって工夫のしがいやワクワク感は少ないかもしれない。そういうのは仕事で、ちょぼら（ちょこっとボランティア）でやればいいんだよ。そうじゃなくて、自分がやりたい！って思えることをプロジェクトとしてつくってほしいんだ。

でもやりたい！だけで、じゃ『ゲームプロジェクト』つくってみんなでゲームしてたらどうだろう？」

「えーそれは嫌だなぁ」

「学校だし」

「そうだよね、そこでもう一つのクラスに貢献ってのが入ってくる。『貢献』ってなんだかわかる？」

「クラスの役に立つってこと？」

「そうそう、難しい言葉知ってるね。クラスの役に立つことも大事なこと。社会に出たら社会の役に立つ必要がある。でも役に立つって何が役に立つのかだってまだわからない。もしかしたらゲームプロジェクトだって、自分たちで手づくりでつくったゲームが雨の日で活躍してたら役に立っているよね？　考え方次第でいろいろと変わってくるから、そこを試してほしいんだよね」

「OK！　先生よくわかったよ」

「役に立つってことにとらわれすぎず、自分たちがワクワクする＝意味があるってことも大事にしてほしい。役に立つと意味があるは、両方大事なんだよね」


「それともう一つ。プロジェクトの種類についても話すね」

「種類？」

「今までやってきた係活動いくつか挙げてくれる？」

「生き物係」「集会係」「新聞係」「誕生日係」「ギネス係」「YouTuber係」

「ありがとう！　実は、これらはプロジェクトに全部できるんだけど、プロジェクトについては2種類ある。それが常時（いつも）プロジェクトとイベントプロジェクトなの」

「うんうん」

「いつもプロジェクトは、名前の通り、ずっと続きそうなプロジェクト。それに対してイベントプロジェクトは短い期間で終わるプロジェクトのことね。この中で言うと、いつもプロジェクトにあたるのはどれかな？」

「生き物係！」「新聞係！」

「集会はイベント？」

「集会プロジェクトは、毎月何かをやっていくようならいつもプロジェクトだよね。でも、ハロウィン集会とか1回に絞って活動したいならイベントプロジェクトの方に入ります。こうやって一概には言えないものもあるから、よくよく考えてね」

「先生、ギネスやYouTuberはイベントプロジェクト？」

「これも難しいところだよね。ずっとギネスに挑戦している場合もある。でも一、二か月の挑戦でできるものがなくなってしまうなんてこともあるよね。だからまずは、イベントプロジェクトでスタートしてみて、いい感じで進めていけそうだったらいつもプロジェクトで活動していくのはどうかな？」

「なるほど！」

「つまり、ボクらのプロジェクトには、ゴールがあるんだ。係活動だと学期末がゴールだったんだけど、そうじゃないプロジェクトもできてくる。ゴールは自分たちで決めて、いくつもプロジェクトに挑戦することもできるんだ」

「楽しそう！」

「ゴールには2種類あって、時間的な『期限』とこれをやったらという『条件』がある。期限と条件、どちらをゴールにしてもいいから、それも組んだ人たちで話し合ってみてね。きっとみんなの中には、一つのことをじっくりやるのが好きな子もいれば、どんどん新しいことをやるのが好きな子もいるよね。ちなみに先生は後者のタイプ」

「わかるわかる！」

「自分はどんなふうに取り組むのがやる気が出るのか、自分を知るってことも大事にしてほしい」

やってみたいプロジェクトを考える

「それじゃあ、いくつかやってみたいプロジェクト、今日のペアと相談してみてくれる？　思いついたら書きにこようか」

—10分ぐらい時間をとり、取り組んでみたいものを書いてもらう。

「こんなにたくさん出てきたね。これら全部プロジェクトにできそう。じゃ、続いてルールについて説明するよ」

—ルールを掲示。

「ルールはシンプル、二つのことを大切にします。メンバーの人数については、２～４人がいいなぁ。今までプロジェクトやってて、５人以上になると、なかなか難しかったんだよ。一人ひとりの責任感が薄れちゃうんだよね。だから４人ぐらいまでがいいかな」

「基本的っていうのは、どうして？」

「うんうん、プロジェクトのゴールが違うから、一つのプロジェクトが終わった時に、今ある他のプロジェクトに入る可能性があるよね？すると一時的に増えてしまうこともあると思うんだよね」

「そっか！」

「一つのプロジェクトをやっていて他のプロジェクトに移りたい時はどうするの？」

「そうだよね、そんなケースも出てくると思うんだ。でもコロコロ変えられるのも残っているメンバーが辛いよね」

「確かに」

「だから、始めたプロジェクトは基本的にはゴールまでは取り組んでみよう。だからこそ期間限定のイベントプロジェクトとして短期間のプロジェクトも活用してほしいな。それでも、どうしてもボクは二つやりたいって時は、先生に「掛け持ち」を相談してほしい」

「掛け持ち？」

「2個以上のプロジェクトをやることだよ。でも、みんな、二つって大変じゃないって思わなかった？」

「うんうん、迷惑かけちゃいそう」

「でも大人になったらいくつものプロジェクトを並行してやれる人もいるんだ。その人たちがすごいってわけじゃないけど、そういう進め方が合っている人もいるよね。だからこそ、掛け持ちすることも可能性としてありにしておきたい。でも、それについては、みんなの他の学校生活の忙しさも関係してくるよね。例えば実行委員を受けもったり、クラブで書記になったりすると、かなり忙しい日々を送ることになる。だから、全体のことも考えながら、掛け持ちは先生と相談にさせてほしいんだ」

「すごいね、プロジェクト活動。いろんなことができるけど、その分責任もありそう」

「そうなんだよ、いろいろできるってことは、その分いろんなことを考えて行動する必要があるってこと。今まで通りのこともできるし、それ以上のこともできる。挑戦してみたいと思わない？」

「やるー！」

「説明が少し長くなっちゃったから、実際にやってみたいプロジェクトを挙げてみようか」

—みんなで黒板に書き、たくさんのプロジェクトが挙がる。

―いつもプロジェクトとイベントプロジェクトに分ける。

「ありがとう、たくさん出てきたね。じゃあこの中から最初に入るプロジェクトを決めていこう。ここで先生から一つだけお願い」

「なになに？」

「さっきプロジェクト挙げている時に友達と『〇〇入ろう！』って相談していた子がいたんだよね。それは悪いことじゃないけど、一つだけ考えてほしいのが、自分が入るプロジェクトは、自分以外の全員が休んでも、一人で進められるものにしてほしいんだ」

「⁉」

「『自分のやりたい』を進めるって話はしたよね？　それが『友達のやりたい』に合わせる感じになっちゃうのって残念なこと。もちろん『友達のやりたい』から促されて、自分も新しいことを始めるって可能性もあるから、否定するわけじゃないんだけど、あくまで自分で決めてほしい。そして『一人でもやりたい！』を大事にしてほしいんだ。

そういう人が集まればちゃんとチームになる。難しい言葉で言うと、相乗効果が生まれるんだよね」

「そうじょう効果？」

「そう一人でも本気な人たちがタッグを組めば、それだけで大きいものができる。ボクはそう思うんだよ。こんなふうに一人ひとりの本気がプロジェクト自体のエネルギーとなって現れてくるから、じっくり考えて選んでみてね！」

「はーい！」

―その後自分たちでプロジェクトを選ぶ。

「さて、残りの時間でスタートしてみようか。まずはやりたいことを始めてみよう。次回のプロジェクトの時間までに写真を撮って、どんなプロジェクトが始まったか、みんなにお知らせできるようにしておこう」

こんな形で1時間目は終わります。最後にできたプロジェクトを拍手で祝ってもいいかもしれません。1時間目、イメージできましたか？

04

プロジェクト活動の種類

実際に生まれたいくつかのプロジェクトや一般的なプロジェクト例から、低中学年向け（一〜三年生ぐらいをイメージ）と中高学年向け（四〜六年生ぐらいをイメージ）に分けて、次のページに整理してみました。

高学年に進むにつれて、イベントプロジェクトが増えていきます。高学年は委員会活動などで、学校全体での常時活動もあるからでしょう。「クラスの中でのプロジェクトは遊ぶ」の意識でバランスを取っていたのだと思います。

プロジェクト活動の種類

【低・中学年向け常時プロジェクト】

学級目標・ミッション・レク・はなしあい・ほけん・きゅうしょく・バースデイ読書・読み聞かせ・きれいせいとん・体育・ニコニコ会議（3章参照）

【低・中学年向けイベントプロジェクト】

お絵かき・ダンス・アイドル・生き物かんさつ・占い・ポケモン（3章参照）・給食完食・ドッジボール大会・運動会・水遊び大好き・夏の水鉄砲・ハロウィンパーティー・節分

【中・高学年向け常時プロジェクト】

レク・集会・ハッピーバースデイ・遊び・運動・ペア決め・話し合い・相談・ミッション・飾り・生き物・教室ピカピカ・ブック・水族館・新聞・飼育・漫画（3章参照）

【中・高学年向けイベントプロジェクト】

挨拶・警察・リフォーム・忘れ物なし・観察・スピーチ・俊足・鉄棒・風景画・算数・お化け屋敷・縄跳び・お笑い・腕相撲大会・ダンスパーティー・お悩み相談室・クイズ・占い・ピアノ・YouTube・ドッジボール（大会に合わせて）

05

プロジェクト活動における時期と戦略

プロジェクト活動で考える先生側の戦略について説明していきたいと思います。

・4、5月の「始動期」
・プロジェクトが回り始めた「上昇期」
・プロジェクトのゴールを迎える「ピーク期」

の三つに分けて話していきます。

4、5月の「始動期」

まずスタートして間もない「始動期」において大事なことは、**時間をとること**です。係活動にしても、現行の授業時数の中では、週に１時間をとることができません。では、中休みや昼休みの時間を推奨して任せていても、高学年などは遊びたい気持ちや、委員会などに押されて停滞していく一方でしょう。

ボクは朝自習の時間を利用して、毎週１、２回はプロジェクトの時間をとっていました。少し騒がしくなるため、話し声の大きさなどはみんなで確認が必要ですが、慣れてくると十分な時間を確保することができます。

また、提出が必要な学習の時間で、この１時間で全員が終わる見通しがある時は「終わった人から提出して、プロジェクトＯＫね！」としていました。また、テストを出し終えて待っている時間なども「机で一人でできる活動ならＯＫ」としていました。

とにかくプロジェクト活動は、みんな楽しみにしているので、やりたがります。実行委員の活動などもプロジェクト化していれば、やる時間はいくらでも確保できます。こうやって日常の細々とした時間をうまく活用しながら、プロジェクト活動の時間を確保し、軌道に乗せていきます。

また初期には、**分担とは何か**をみんなで考えるのも大事です。特に低学年では、一つのやることにみんなが群がって、実質一人しか活動していないなんてことがあります。「みんなでアイデアを出している」とも言えるのですが、一つのことをしながら他のこともできるものです。さらには、手を動かしている方がアイデアは生まれることもあります。

　それぞれの役割を見つけてうまく分担すると、プロジェクトがぐいっと進む瞬間に立ち会うことができます。一人ひとりの責任も濃くなっていくことで、子どもたちのやる気もさらに高まっていくでしょう。

プロジェクトが浸透してきた上昇期

　軌道に乗ってきたことを感じる「上昇期」自分たちが行ってきた成果を、少しずつ周りに伝え始める時期でもあります。いくつかのプロジェクトから、「こんなのしてみたよ！」というみんなへの報告は、他のグループへのやる気の高まりを引き出します。そうです、この時期は**活動の見える化**を大事にします。

　プロジェクトシートを用意して、どのプロジェクトが何をしているか明確にしたり、活動を計画的にできるように手助けしたりすることは、大事な先生の仕事です。お互いの計画が見えるように、「活動報告」の時間も積極的にとっていきましょう。それがまた次の活動につながっていきます。ＩＣＴの活用ができるといいですね（詳しくはＰ177）。

また中期からは、**コラボすること**を推奨していきます。コラボ先は主に三つです。

・クラス内の他のプロジェクト
・学年や全校の係やプロジェクト
・学校の外の団体や地域

プロジェクト活動では、積極的にコラボしていくことを大事にしています。他のプロジェクトとのつながりをつくっていくようなプロジェクトさえも生まれることがあります。「発表プロジェクト」（低学年の際に他のグループの発表をアシストする、発表のコツをみんなに教える）とか「ミッションプロジェクト」（あるミッションを達成するとビー玉貯金が貯まる）などのプロジェクトは、どんどん他とコラボしながら企画をしていました。**コラボを促すプロジェクトが生まれると活動が広がっていきます。**

達成感を味わうピーク期

最後のピーク期になると、先生が何もしなくてもプロジェクトのゴールを祝う瞬間がたくさん訪れます。プロジェクトのゴールが可視化されるために、ゴールしたプロジェクトの掲示物を飾っておくと、子どもたちのやる気も高まってくると思います。そんなことも「掲示プロジェクト」が担ってくれるので、子どもたちだけでクラスが回っていく感覚が、先生としても得られるでしょう。プロジェクト達成記念イベントが開かれたこともあります。みんなで達成を祝うことには価値があります。

自分たちのプロジェクトだけではなくて、他のプロジェクトの成功がクラスの成功につながってきて、祝福し合える時期です。**この時期をたっぷりとみんなで味わうこと。「あぁ、いい時間だったな」という原風景は、子どもたちの心の中に残ります。**プロジェクト活動がその役を担えると確信しています。

一つのプロジェクトが終わった時に、何をするかというのも意外と大事です。振り返りの問いを用意しておいて、プロジェクトの終了時にじっくりと振り返ります。自分たちのプロジェクトに誇りをもって次の活動に向かえるように、先生は裏方に回って、子どもたちの達成感を支えていきましょう。

06 プロジェクト活動を支えるいくつかのツール

さて、ここではプロジェクト活動を支えるいくつかのツールをご紹介します。

プロジェクトの視覚化　画用紙

まずは、掲示用の画用紙です。

誰がどのプロジェクトに入っているかひと目でわかるように、写真とメンバー名とやること、ゴールの期間の達成条件などを入れておきます。シンプルな構成で十分です。

最終的には終わったプロジェクトはそのまま終了プロジェクトコーナーに移動して掲示

し続けます。そのため、**サイズは画用紙の半分のサイズが望ましいです**。

一年の終わりには、終了したプロジェクトが30個などになるため、なるべく小さいサイズで始めてみましょう！

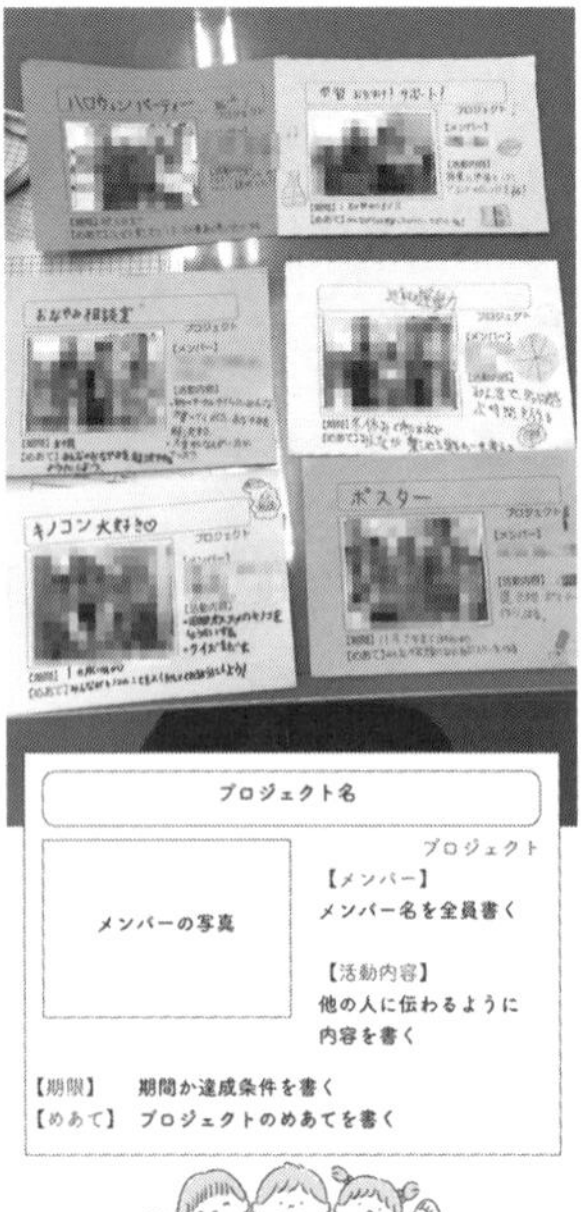

プロジェクトの計画

さらにはプロジェクトを支える計画表です。よく活動の用紙にくっつけて計画を立てると思うのですが、もうちょっとざっくりの計画でいいと思っています。プロジェクト活動については、何より熱量が大事なんですね。だから、毎回の計画が細かいことよりも、とにかく活動時間を多くとっていくことが大事です。

低学年では、「今月やりたいこと」としていくつかやることを見える化して、時間が生まれた時にできるようにしたり、教室の週の予定に、プロジェクトの日を明記したりしました。中学年以上では、自主学習カレンダーというのを使っていたので、週の予定に、プロジェクトの時間が書かれていたり、同じプロジェクトのメンバーと相談して、「〇〇日の中休みにやろう！」などと決めていました。

ここでもざっくり、活動が週１、２回取れていればＯＫとして、予定ベースではなくて、やりたくなった時にしっかりと進めるようにしていました。プロジェクトの性質に合わせて次ページのような方法をとることができます。

自立学習予定表

今週の予定

	2016/12/12	2016/12/13	2016/12/14	2016/12/15	2016/12/16
	月曜日	火曜日	水曜日	木曜日	金曜日
朝の内容	朝会				
1校時	国語	国語	体育	図工	音楽
	自立学習アワー	4-1リーフレット を作ろう	ボール運動 サッカー	ほるとでてくる不 思議な花⑦	音楽
2校時	算数	図工	国語	図工	算数
	どのように変わる か調べよう③	ほると出てくる不 思議な花	4-1リーフレット を作ろう	ほるとでてくる不 思議な花⑧	広さを調べよう③
中休み					
3校時	理科	算数	算数	算数	理科
	水の３つのすがた	どのように変わる か調べよう④	どのように変わる か調べよう⑤	広さを調べよう①	水の３つのすがた 実験
4校時	国語	社会	算数	算数	理科
	4-1リーフレット を作ろう	いいところいっぱ い私たちの〇〇県	どのように変わる か調べよう⑥ 単元テスト	広さを調べよう②	水の３つのすがた 実験
給食					
5校時	社会	国語	音楽	国語	国語
	いいところいっぱ い私たちの〇〇県	自立学習アワー	音楽	プラタナスの木	プラタナスの木 自立学習アワー
6校時					
宿題 自立学習	漢字スキル⑨	算数プリント	算数テスト	スキル⑨ ノート練習	
持ち物	白衣、体操着		新聞紙	新聞紙 彫刻刀	
メモ					

週のカレンダーに書きこむかたち

■毎週のやることがはっきりしている常時プロジェクト

定期的にやることが書かれている「チェックリスト」をつくって進めることで確実にプロジェクトを行うことができます。こういうツールを好む子もいて、毎週同じことをやるのが自信になることを先生は知っておく必要があります。全員がそうとは限らないので、一度試して、あとは任せる形をお勧めします。どんな活動にも得意な子と苦手な子がいて、それぞれに合ったものを使えるといいですね。

■ライブがある好き・得意プロジェクト

お笑いプロジェクト、マジックプロジェクトなど、ライブ（発表場所）があるプロジェクトは、カレンダーにその日を明記しておくように伝えました。また、ポスターなどもつくっておくことで、自分たちの予定管理だけでなく集客にもつながります。その日に向けて、活動への気もちを高めることができます。

プロジェクト活動を行っている他の先生の事例では、ＧＩＧＡのツールを使いながら、活動の周知を行っている好例もあります（5章Ｐ177参照）。

■修学旅行などのゴールがはっきりしている行事プロジェクト

　これらのプロジェクトは逆算型で進めていくことが大事です。大きなイベントは、子どもたちは勝手にしていても（これでもかってぐらい）盛り上がりますが、ゴールに間に合わなければ、誰かに迷惑をかけてしまいます。だからこそゴールからの逆算思考が大事です。ゴールに向かうための小さなゴールを細分化することを教え、それに向けて取り組むことで、自分たちの活動を調整する力が身に付きます。プロジェクトマネジメントに使うスキルを、先生も整理しておくとよいでしょう。

　週ごとのゴールを設けた方が進むグループについては、ゴール欄も設けていました。自分たちのプロジェクトによって計画の立て方もさまざまです。形を一つに固定することなく、子どもたちに合わせて理想的な計画の在り方を考えていきましょう。

プロジェクトの振り返りとアプリシエーション

　プロジェクトの振り返りをすることは絶対に必要なことです。

「今週できたことは？できなかったことは？」と、金曜日の帰りの会でプロジェクトごとに集まっていた年もありました。２週間に1回でも構いません。定期的に集まり、活動をしっかりと振り返る時間をとっていきましょう。

振り返りの重要性を前著『先生が知っておきたい「仕事」のデザイン』でも書きましたが、振り返りには「良質な問い」が必要です。

子どもたちが自分で問いをつくれるようになるのが理想的ですが、それまでの間は、こちらで問いも用意しておきましょう。

・活動のゴールに向かってぐんと進むために何ができそう？
・違うプロジェクトとコラボできることって何？
・もっとクラスの友達にプロジェクトのことを伝えるにはどんなことをしたらいい？
・ボクらのプロジェクト活動で、何がクラスに生まれたらいい？

このような問いをきっかけに、子どもたちの言葉で経験を振り返っていくことが、次の活動へのエネルギーになっていきます。子どもたちにはその力が十分にあります。先生はどう引き出すかに焦点を絞りましょう。

そしてプロジェクトのゴールを迎えた時も、振り返りを丁寧に行います。

プロジェクトの振り返りは、ヒミツキチ森学園で今やっている振り返り「ルーブリック」を使っています（下画像）。みんなから嬉しい声が届くと、やる気につながりますよね。

『冒険の書』（孫泰蔵著）には、カーネギーが何度も語る「アプリシエーション」という言葉に触れています。アプリシエーションとは、わきあがった感情とその感情が生まれるプロセスすべてを指し示す言葉です。ただそれが「ある（在る）」ということがいかに「ありがたい（有り難い）」ことかという点に意識を向けた態度だとも表現されています。**プロジェクトのゴールではこのアプリシエーションが生まれると、嬉しい気持ちをもって終えることができます。**

人間、反省した時よりも祝福された時の方が、次に必要な

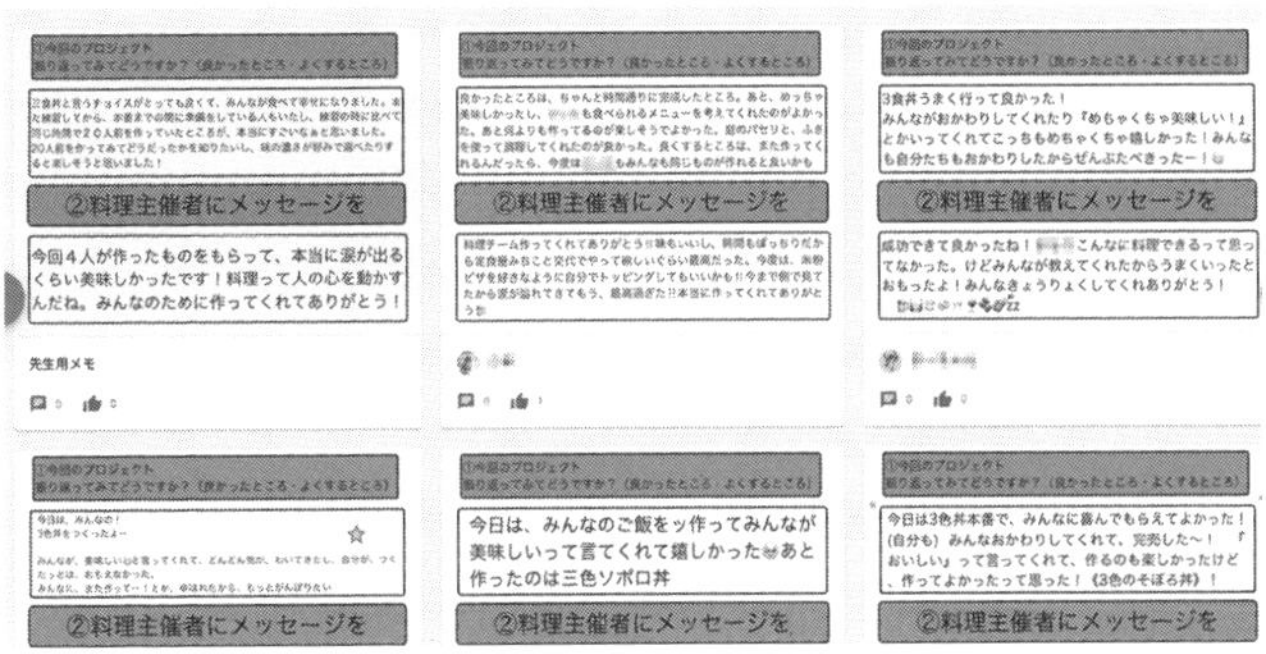

ことが自分から出てくるもの。アプリシエーションを生み出す活動は何かを考え、プロジェクトのゴールをみんなで祝いましょう。

07

プロジェクト活動と相性のよい活動

プロジェクト活動は、学校の中に存在するさまざまな活動とつなげていくことで、さらに活性化していきます。ここでは、相性がよく活動の相乗効果を生み出すものを紹介します。この「つなげる」視点があると、子どもたちの活動はさらに拡がりを見せ、意欲的に活動できるはずです。

プロジェクト活動×話し合い活動

話し合い活動についてはプロジェクトをうまく活用できるはずです。低学年で言うと、司会をまずはプロジェクトで動かしてみて、慣れてきたらどんどん他の子どもたちを入れていくのはどうでしょうか。最終的には全員が司会などの役割ができるように、先に熟達していく子がいて、みんなへ拡げていく流れをつくると、効果的です。

書記のレベルを上げるため、プロジェクトが実践したことをみんなへ共有していく「書記上手プロジェクト」が生まれたことがありました。こんなふうに話し合い活動の各役割で考えていくのもお勧めです。

また、学級の中にクラス会議※を取り入れている場合は、議題を扱う役割などをプロジェクトに任せてみるといいでしょう。みんなが出してくれた悩みに対して、話し合いの場をどのようにもつか、その順序なども任せることができます。

『クラス会議で子どもが変わる』の中の「プロセスを信頼する」という見出しの文章に「解決策が思いやりがあって断固としたものであると、子どもたちは自分や他人から尊敬されることとの結果として自己信頼感を獲得します」とあります。**子どもたちには元々大きな力がある**、ボクは常々そう思っています。先生が担っていた役割を丸ごと子どもたちに手渡していく…そのプロセスに有効なシステムがプロジェクト活動なのです。

プロジェクト活動×実行委員活動

Ｐ30でも提案したのですが、学年や学校全体の活動とゆるやかに混ざること、融合されていくことをどんどん進めていきましょう。

「先生、どこまでが実行委員でどこまでがプロジェクトなんだかわからなくなってきちゃった」

そんな子どもの声が聞こえたらしめたものです。どんどん混ざって、たくさんの人を介して進めていきましょう。

プロジェクト活動×学校行事

学校行事もたくさんのプロジェクトが生まれるチャンスです。

「全校遠足プロジェクト」では、縦割り班の満足度を上げるために、試してみたいレクリストなどをつくっていきました。また、五・六年生は大きな役割を担う縦割り活動ですが、

※ジェーン・ネルソン等著『クラス会議で子どもが変わる』（コスモス・ライブラリー）

三・四年生あたりが手持ち無沙汰になることが多い。子どもたちのアイデアで、プロジェクトメンバーが知恵を絞って、三・四年生の役割を提案してくれたこともありました。縦割り活動を終えてきた子どもたちは、「全校遠足プロジェクト」にフィードバックを送り、どんどん改良されていきました。

ある年は、「青の逆襲プロジェクト」が発足しました。

ボクが勤務していた学校では、各学年3クラスだったので、クラスごとに色が違う「3色対抗」の運動会でした。しかしながら「ここ数年、青組になると優勝できない」というジンクスがあったんですね。おかげで、青組になったクラスは、「あーあ…」と落胆してしまう。なんとかこのジンクスは破れないか、体育主任としても頭を悩ませていたので、六年生のクラスで青組になったタイミングで、「青の逆襲プロジェクト」を子どもたちと発足しました。

同じ想いの子がクラスにいたため一緒に立ち上げ、あとは子どもたちに任せていました。子どもたちは、全校競技について、作戦を各クラスに伝えていったり、徒競走で勝つための秘策（そんなものはあるのか?）を伝授しに行ったり、勝つために頭を使って、行動に移していきました。一つひとつ実行した結果、その年の青組は優勝することができました。

この時起こったのは勝つための方法が伝わった以上に、「勝ちたくて六年生がいろいろやっている」という強い気持ちが各学年に伝わったのだと思っています。ただ、自分たちが動いたことで学校全体に影響を及ぼせたことは大きな自信になったようです。

プロジェクト活動×学級に生みだしたい仕組み

学級に新しい仕組みを生み出したい時は、よくプロジェクトの発足を呼びかけます。

「先生さぁ、落とし物箱が嫌いで、みんな考えずに入れていくじゃん。この考えずに入れていくってなんか怖いんだよね。ちょっと周りに聞けばいいのに、それをやらないで忘れ去られていくんだよ。

なんとかしたいなぁって思って。誰かプロジェクトにしてくれない?」

ある年、四年生の担任でこう話したんですね。すると「落とし物0プロジェクト」が発足。

このプロジェクトは、落とし物が0になるように、みんなに名前を書くことを呼びかけたり、「落とし物を拾ったらやる3ステップ」なる掲示物をつくったりしました。おかげで、落とし物がなくなり、このプロジェクトはみんなに祝われて解散。落とし物箱をなくしてもクラスが回っていくようになったのです。こういう**プロジェクトが生まれる時に先生の想いを素直に話すことも大事です**。子どもと一緒にスタートするプロジェクトの力がクラスをより良くしていきます。

プロジェクト活動×家庭学習

家庭学習と相性がいいこともプロジェクト活動の特色です。特に「自主学習」を実践している学校は多いと思います。高学年になると、自分で学ぶべきものを選びながら学んでいくのが「自主学習」。上手にやっているクラスなら、学校の授業との接続を考えながら、自主学習を展開しているでしょう。

この自主学習ですが、高い意欲で学ぶ子もいれば、苦しむ子もいます。「自主学習プロジェクト」では、こうやってやるといいよという例を挙げたり、この期間は、みんなで算数に取り組もうなどのテーマを設けるなど、たくさんの工夫を凝らしてくれました。

「先生、丸付けもしちゃっていいですか」

「先生、ここ違ってたんで教えてきます」

どこまで自分たちでやるかは判断が必要ですが、先生のやっていることって真似したいんですよね。活性化されていくのを感じました。


別の例を挙げると、他のプロジェクトから自主学習内容を募集して出題するなどのことがありました。

「イラストプロジェクトのイラストコンテストを左ページへ」

「話し合いプロジェクトから明日の議題についての意見を左ページへ」

など、プロジェクトと自主学習の相性がいいのも納得できるのではないでしょうか。


みんなの宿題にボクが目を通してひと言伝える横で、このプロジェクトのメンバーが励ましのメッセージを書くことにチャレンジしている時もありました。グループで見合ってコメントし合うなど、積極的に自主学習に取り組めるようサポートしていたので、助かっていた子も多かったと思います。

プロジェクト活動×特色のある学習

いくつか具体例を挙げます。

「九九覚えようプロジェクト」では、お勧めの覚え方や、YouTubeの紹介など、みんなが九九に熱心に取り組めるように工夫を凝らしていました。

「日本地図プロジェクト」では、日本地図の覚え方のコンテストを主催。「江戸の文化人プロジェクト」では、近松門左衛門などの劇をつくるにあたって、コント×学習の作り方を紹介してくれました。

考えてみると、プロジェクトに任すということは、学習のオーナーシップを子どもたちに手渡していくことです。ただ単に渡されると子どもたちも「えっ」ってなりますが、プロジェクト活動というシステムがそれに勢いと安心感を与えてくれます。学習×プロジェクトが生まれてくるとクラスの学びがより深まります。

いろいろな側面からプロジェクト活動との相性のよい活動を見てきました。

プロジェクト活動と他の活動を掛け合わせているクラスは、学習内容にも、プロジェクトが混ざり始めていきます。そうなることで、自然とプロジェクトはクラスに浸透していくのです。

Column 02

なぜ自分がそれを選ぶのか

いろいろと実践をやってみるけど、うまくいかないという話をよく聞く。そこには、何が足りないのだろうか。

実践のやり方はわかっていても、実践者の在り方が伝わっていないという前提も一つの考えとしては正しいと思う。その人の実践は、その人が歩んできたストーリーの上にある。そのストーリーを知ることなく、実践という「カタチ」だけを真似してもうまくいかないはずだと。

それでは、**今回プロジェクト活動という実践を紹介しているボクの在り方とは一体どんなものだろうか、このコラムではそれを考えてみたい。**

ボク自身もたくさんの実践を重ねてきた、その中で残っていったものは、必ず次のサイクルの中にあった。**実践する、振り返る、デザインする、また実践するというサイクル**だ。デザインするについては前著『先生が知っておきたい「仕事」のデザイン』に書いた。自分が願う「ビジョン」と今のギャップから打ち手に落としていく方法だ。やってみて、振り返って、次の願いをカタチにする、簡単に言うとこういう流れになる。

これ自体は、オリジナルのサイクルというわけではなく、PDCAも、体験学習サイクル※も、おそらく同じことを言っているはずだ。大事なのは、まずはやってみること、そしてうまくいかない時にも価値を感じ、続けていこうとするかどうかだ。やってみて効果が見えたけど、辞めた実践も多くあった。カタチとして完成されすぎているもの、何かのプロセスの途中になっているもの、振り返って学んでいく余地が子どもにないものなどがそれにあたる。

自分の中で残った実践について、もう少し解像度を上げてみる。**一つはつながりが多いもの**。プロジェクト活動はまさにそれにあたる。既存の学校の活動とコラボしやすいのだ。既存の学校活動を否定することなく、その力を高めることができる。詳しくは4章で述べたいと思う。

※プロジェクトアドベンチャージャパン著『クラスのちからを生かす』(みくに出版)

もう一つは**学びながら実践できるもの**。ボクの中では、近年、「学習する学校」「ＰＢＬ（プロジェクトベースドラーニング）」「ＳＥＬ」などの類がこれにあたる。難解だが学習する中で少しずつ理解できるもの。「しっくりくるけど、わからない」この類の学びは、自身が本当に必要だと感じることが多い。

「学習する学校」に関する学びは、ここ三年ほど続けている。でもまだ学ぶたびに新しい発見がある。**学ぶことと実践することを合わせて学びシロがあるもの、「耐久性のある学び」**に惹かれているんだと思う。これらの学びにどう取り組んでいくかも非常に興味深い。ボクは教師仲間であり家族ぐるみの友人である冨田明広（著書に『リーディングワークショップの授業開き』など）と一緒に取り組めた数年が大きかったと思う。一年間の実践テーマを決めて、毎月毎月集まり、自分の実践を持ち寄りフィードバックし合った「月壱會」。そうやって学びシロがある実践を深めていった経験があり、今がある。

いつまでも残る実践というのは、つながりが多く、自分の学びになる豊かなもので、仲間と深めていけるようなものになる。

プロジェクト活動があなたにとって同じようなものになってほしい。

第3章

プロジェクト活動でクラスが変わる

01

クラスをまとめた授業参観プロジェクト

この章では、プロジェクト活動が実際にクラスにどのような変化を生んだのか、より詳細に見ていきたいと思います。まずは「授業参観プロジェクト」についてです。

この年の五年生は、プロジェクトのコラボによりダイナミックな活動を展開していました。特にサークルプロジェクトは素晴らしかった。朝と帰りにサークル対話をしていたのですが、そこで出てくる悩み事などの相談、振り返りジャーナルの問いのテーマ出しなど、クラスをよりよくしようというエネルギーに溢れていました。

そしてこのクラスはPA（プロジェクトアドベンチャー）によるアクティビティも、多く取り入れていました。「パイプライン」「ヘリウムリング」など、イニシアティブと言われる課題解決型のアクティビティにもどんどん挑戦していました。PAでは、グループの力を借り、相手の壁が下がるような行動をすることによって、自分の壁を下げることができると、『グループのちからを生かす―プロジェクトアドベンチャー入門 成長を支えるグループづくり』（プロジェクトアドベンチャージャパン著）では述べられています。クラスで行われたＰＡは出身校の学生たちも見学に来るなど、教室を外に開く機会も多かった一年でした。

最後の授業参観を考えていた時に「最後の授業参観をつくってみたい」と立ち上がったのが「授業参観プロジェクト」です。「おぉ、最高！」と思いながらも、内心、「授業参観を任せるって前代未聞、本当に大丈夫だろうか」とも思いました。しかし、この年の子どもたちなら、きっとやってくれるだろうと任せることに。プロジェクトのメンバー４名は、ボクと相談しながら、アクティビティの内容を決めていきます。最後の授業参観で子どもたちが選んだアクティビティは、「エブリボディアップ」（別名いっせぇの！）でした。

さて、一緒に授業参観をつくるのは、ボクもはじめてのチャレンジです。まずはクラスの現在地を５人で確認しました。

「ボクらが課題と感じているのは？」

「やっぱり声なき声を拾いたいかな…」

当時のクラスの課題として、**意見をどんどん言ってくれる人と、言わずに躊躇しちゃう人が分かれていること**が挙がっていたのです。意見を言うだけがいいことではないけれど、多くの人に、自分の考えを伝えられるようになってほしい。じゃあ、お互いに何ができるか、**課題達成型のアクティビティをしながらそこを探れたらいいよね**、となりました。


この時のクラスは、自分たちでどんどんやってみる言動が生まれてきていて、頼もしさを感じていたんですね。プロジェクトも笑っちゃうようなものから、真剣なものまでさまざまでした。今までにやったことのない、**全員参加でのアクティビティに挑もう！**となり、その中から選んだのが「エブリボディアップ」です。

■エブリボディアップのルール（諸澄敏之編『みんなのPA系ゲーム243』参照）
①お尻が床にしっかりとついている
②足が両足とも他の人に触れている状態で

③バランスをとりながら一斉に立ち上がる

授業参観プロジェクトの中では、「ルールや課題にしたいことの説明」「全体の進行」「振り返りのファシリテーター役」に分かれて進めていました。クラスも2月となり成熟していたので、この辺りの進行は、もうお手のものです。

さて当日、全体でもルールを確認し、準備万端。めあては「意見を言える雰囲気をつくりながら、全員達成を目指そう！」となりました。

子どもたちのチャレンジがスタート。実行委員を中心に作戦を立てて、何度も挑戦していきます。これがなかなか難しくてうまくいかないことが多い。しかしながら、少しずつ意見がまとまって、惜しい瞬間がたくさん出てきて…。

子どもたちは声をかけるし、雰囲気は悪くない。でもできない…。

結局、そのままタイムアップに。

振り返りのテーマも、その場で一緒に相談して決めました。**こういう時は、熱量のあるコアメンバーが決めて、これでいこうかと全体に確認するという流れをとります。**「先生が決めて」だとさせられている感じが出てしまうし、「みんなで決めて」だと時間がかかる。**物事によって熱量が違うけれど、責任と熱量のあるコアメンバーを育てる意味でも、プロジェクト活動は有効なんです。**

「全員で何かをする時、いろいろな人の声を拾うために、大切にしたいことは？」

子どもたちの意見には、次のようなものが出てきました。

・人に任せて意見を言うのではなくて言う　・周りの人だけではなく、多くの人に伝える
・近くの人と工夫できた　・手を挙げる以外の方法を大切にする　・積極的に言う
・サークルになるように声をかける　・物を回す、指名以外の言い方を見つける
・明るい雰囲気を大切に　・意見と試すことのバランス　・殻を破ることも大切
・まとめてくれる人がいてよかった

子どもたちの具体的な言葉で語られた意見や考えが、次の行動につながっています。

再チャレンジを組み立てるプロジェクト

さて、その二日後、授業は道徳の時間、子どもたちの希望で再チャレンジです。

ボクはこの日、次のことに触れて説明をしようかどうかずっと考えていました。それは、「思い込みを外すこと」。考えた末に、最初には触れず、まず子どもたちに任せてみました。

この日のチャレンジ時間は25分。ただ10分を過ぎたあたりで、やはりそこに触れてみようかなぁと思い直し、中断しました。

「ねぇ、なんかみんなの中に『思い込み』があるような気がするんだけど…その『思い込み』を外すことが、みんなには必要なことかもしれないって思うんだ」

誰かが何かに反応し…　でもすぐには形にはなってこない…

焦らずその場に任せることにしました。

いくつかの意見の後、一人の子が言いました。

「ねえ、いったん、この形での挑戦をやめて、こうやってみない？」

ちょっと場の空気が変わったのを感じました。

半信半疑で、やってみるものの、やはりうまくいかない。

そこである子が次のことを試します。

「ねぇ、こうやってつないでみたらどう？」

じわじわと「そうかそうか」が広がってくる。

「ルール的には問題ないよね、先生？」

「もちろん、それはルールに反してないよ」

惜しい、また惜しい、が数回続いて、ついに一斉に立ち上がることができました！

「やったぁーーー！」

長縄大会以上に喜んだ子どもたちの姿がそこにありました。

プロジェクトメンバーが考えてくれた、「何が原因で達成できたと思いますか？」という問いに、子どもたちは次々と答えていきます。

「意見を言わない人でも成功が見えていることがある」

「毎回振り返りをしていて、最初できなかったことができるようになってきていて、話し合いってすごく大事なんだと思った」

「話す時間も長くて、トライする回数も増えたから」

「話す時間が増えて、ルールにないことをやってみたから」

「案があっても出せないことがあった。今回は出せたことが大きかった」

「誰かが言ってくれた意見が突破口となって、その意見をもとに周りが頼ってくれた」


考えを出すのに躊躇しちゃう子たちが熱心に話す姿に、アクティビティがもつ意味を感じずにはいられませんでした。自分たちで授業を組み立てたからこそ、達成感も大きかったのでしょう。何よりもプロジェクトメンバーの達成感あふれる笑顔が印象的でした。

授業参観プロジェクトを振り返ってみて…

このプロジェクトを通じて、プロジェクトメンバーの成長を感じました。

授業参観を子どもたちに任せる、もしこれが通常の係活動をしていたら、実施できていたでしょうか。最初から計画していない限り、係に、授業参観を任せることはできません。でも何かしらの「役割」がないと、発足を頼みにくい。自主的な参加者を募る感じになるでしょう。

システムとして認められた形で年度途中に生まれた活動にも候補者を募ることができる。**プロジェクト活動はそういう大義名分を与え、活動を生みやすくなる、頼みやすくなるという側面があるようです。**

学期途中で活動を思いつくことってたくさんありますよね。学級が前進する中で、次の一手が見えてくることもあるでしょう。それらをちゃんと一つの形にできること…、**包括的なシステムが内在されていること**こそ、プロジェクト活動のよさだと思うんです。

この授業参観プロジェクトはまさしくそのよさが生まれたプロジェクトです。前期や後期の学期のはじめにはここまで思いつかない。あとから思いつくものに、柔軟に対応できるのが、プロジェクト活動の利点です。

「じゃあそれ、プロジェクトでやってみない?」

そんな一言が、プロジェクト活動なら気軽に言えるはずです。

02

クラスのまとまりを生み出した漫画プロジェクトの軌跡

ボクは15年間で4回、六年生の担任をしました。どの年の子たちのこともよく覚えていますが、最後の1回は非常に感慨深い一年でした。実は「はじめに」で書かせてもらった怪我をしたのもこの年です。

四年生から六年生まで、はじめての三年連続持ち上がりをしたことは、未知の経験でした。前期はこれといって大きな成果をあげることなくクラスが淡々と歩んでいた感じ…そんな印象だったのです。でも、「はじめに」で書いた通り、10月に入って行われた「体育大会の長縄記録会」で真価が発揮されたのでした。

「長縄プロジェクト」が練習をリードしてくれました。このプロジェクトの様子はブログ（P223ブログ記事①）にその様子を載せています。

大会当日の長縄記録を数える「カウンター」を、三度見したのを覚えています。自己新記録を更新しながら、大会本番に最高記録を出すことができました。

【児童の振り返りジャーナルより】

なんか、このままドラマになりそうなくらい、長い長い「ロングサクセスストーリー」がありました。ケンカしたり、協力したり、努力したり、時にはきつくなったりしたけど、301回いったときは、言葉にできないくらい嬉しくてたまりませんでした！（Tさん）

このストーリーの裏にはたくさんのドラマがあったのです。

そして「長縄プロジェクト」のメンバーも自立して活動する大きな自信を得たようです。クラスをリードする子たちが現れ出したのも、この頃から。長縄の出来事をきっかけにクラスがまとまりだしたなぁと思うのですが、それを後押ししたプロジェクトがありました。

ある日、

「先生、漫画プロジェクトつくるねー」

と女子二人がやってきました。大会が終わって11月に入ったあたりです。

「もちろんいいよ！　何の漫画描くの？」

「えっと、長縄大会のことを描きたいんだよね」

「おぉ！自分が描きたいものだけじゃなくて、クラスのことを描くってほんとステキ！　楽しみにしているよ」

そこから2週間ぐらい経って持ってきた数枚の漫画を見た時、衝撃が走りました！

「うまい！　なにこれ、すごい！　学級通信に載せてみんなに読んでもらおうよ」

「うん、いいよ」

彼女たちが持ってきた漫画には、コマ割りもストーリーもしっかりしていて、子どもたちが長縄大会で301回の新記録を出すまでのストーリーが詳細に綴られていたのでした。主人公のキャラクターは実在しないものの、ボクの役なんかもそっくりに（目が細く、もはや線で）描かれていて、みんなも笑いながら読んでいました。廊下に漫画が貼り出されると、他のクラスの子も立ち止まって読んでいます。

「これすごいね！」

他のクラスの先生も声をかけてくれて、たちまち彼女たちは続編の執筆に前のめりになっていきました。

メンバーは二人だけ。実はこの時期、周年行事の制作物、卒業関連の行事で、みんな大忙しだったのです。それぞれが頑張って、やり遂げようと必死だったので、彼女たちも他に助けを求めることができません。

次第に連載が滞ることも…時間に追い込まれることもありました。

「あぁ！まだ描き上がらない」

とうんうん頭を悩ませるこの時間なんて、まさに漫画家そのもの。

ただ彼女たちの作品が出来上がるたびに、学級通信を配るとしーんとみんなが読み耽る時間が生まれたのです。漫画の中のクラスがまとまっていくのと同じように、大切な卒業までの時期、クラスにもまとまりが生まれていきました。

周年行事の作品も無事につくり上げ、卒業を祝う会も大成功。卒業への道のりはボクも精一杯でした。そんな忙しい時期を、この漫画が支えとなり、乗り切ることができました。最後の1号を描き上げて、連載終了したときの彼女たちの表情は忘れることができません。達成感と疲れが混じり合ったいい表情をしていました。

　このクラスを支えてくれたのは一人ひとりの頑張りです、それは間違いありません。ただ彼女たちのようなクラスへの貢献の仕方があるのは嬉しいことですよね。今の多様な貢献の仕方を探ること、学校の可能性だと思っています。「何で貢献するか」の幅は、高学年になるにつれて子どもたちに任せていくべきです。漫画プロジェクトの子たちの頑張りと活躍が生み出したものを見ていると、「貢献する幅」を拡げる可能性を感じるのです。

　子どもたちが生み出すものに、どのくらいの信頼があるか。それこそ、先生を続けていくのに一番必要なことではないでしょうか。

03

ある子を救ったポケモンプロジェクト

この項目で語る「ポケモンプロジェクト」については、その中心に一人の子がいました。Aさんは二年生のはじめに転校してきました。最初、クラスに馴染むのに時間がかかっている様子でした。友達との関わりは少なく、何かうまくいかないことがあると、ノートを破るほどの力で消しゴムを使い続けます。気持ちを抑えられず教室から飛び出してしまうことも。今思うとそうやって自己表現していたのだと思うのです。

ボクは、そんなAさんがなんとかクラスに溶け込めないかなぁと考えていました。一人の時に落ち着かない行動が起こるものの、誰かといる時には寂しさがピタッとやんで、一緒に落ち着いて過ごせる時間もあったのです。ただ、周りの子にまだ気を許していない様子もあり、不安そうに過ごす姿もありました。

ただ、友達がAさんに声をかけると、Aさんのイライラしていた気持ちもスッとおさまるのです。「あぁ、きっとこの子は友達とのつながりが変わってくれれば、楽に過ごせるようになるのかも」と思ったんですね。


そんな夏のある日、子どもたちが新たに「やりたい！」と相談してきたプロジェクトが「ポケモンプロジェクト」でした。

みなさん、これを聞いてどう思いますか？　ポケモンかぁ…というのが正直なところではないでしょうか。ボクはピカチュウしかポケモンを知りませんし、すぐに「いいね、いいね！」とはならないですよね、経験を積んだ先生ならなおさらです。「内容を聞くだけ聞いて、どうやって諦めてもらおうかなぁ」…係活動だったらそう考えるかもしれません。

しかし、そのプロジェクトのメンバーの中にAさんがいました。Aさんのポケモンの知識は群を抜いていて、周りから一目置かれている存在になっていました。

だからこそ、

「よし、やってみよう！　一度イベントプロジェクトで一か月走ってみようか」

と了解しました。

ポケモンプロジェクトの面々は、やることがシンプル。帰りの会にクイズを出します。

「～の能力をもったポケモンは何でしょう?」

これだけでかなり盛り上がるのはポケモンの持つ力でしょうか。Aさんはそこでも補足の知識などを披露し、

「A、すげぇーーーーー！」

とみんなの羨望の的でした。

1、2週間活動し、プロジェクトの中で振り返った時に、「ポケモン知らない子が楽しくなさそう」「これだと知っている人しかわからない」といった意見が出てきました。**子どもはちゃんと自分たちに必要なものに気づくのです**。その気づきを先回りして先生が余計なことをする必要はありません。自分たちの活動がみんなに認められることで、壁にあたっても、前に進む力があります。

メンバーは、この振り返りを受けて、朝に問題を出しておいて、帰りまでに「みんなが答えを本から探す」という仕組みに変えることも試してみました。さらには、全く知らない人も楽しめるように、「女子にも人気！可愛いポケモンベスト3」のような人気が出そうな企画もどんどんやりました。

その子たちの頭の中にあるのは「こんなに自分が好きなポケモンのよさを、きっとみんなもわかってくれるに違いない！」という熱量なのです。**この熱量こそが、教室の中を、いや社会を変えていくのに必要なのだと思います**。

中休みの終わりに「ポケモン講義」をしてから、それを聞いて覚えているかを帰りの会に出す問題でチェックしたり、班ごとの対抗戦にして給食の時間中に問題を出したり、さまざまな工夫をしていきました。

ボクはこれらの時間が大事だったように思うのです。要するに題材は何でもよくて、**みんなに知ってもらう、楽しんでもらうために、たくさんの工夫を凝らすこと**、子どもたち自身も好きなことを目いっぱいできることに価値があるのだと。やりたいことをやりきったことで、自身もエンパワーされ、どんどん活動に意欲的になっていきます。

さらには、自分たちの好きのエネルギーを、みんなに伝わる形になるように試行錯誤をすること。それこそ社会に出て求められることなのではないでしょうか。ある人の思いつきが、実際に形になるまでには、たくさんの障壁があります。壁を味わう時間は学校の中にも必要ですよね。ただ試行錯誤し続けるのは難しいこともあります。最長2か月ぐらいが、試行錯誤を続けられる時期だと思っています。

授業の内容や季節と絡めたポケモンの紹介など、さらに活動が広がってきたあたりで、プロジェクトで、振り返りをしました。

「2か月やってみてどうだった?」

「楽しかった！　まだまだ続けたい」

「すごく楽しかった！　だけど他のプロジェクトにも挑戦したい」

意見は分かれましたが、それぞれの考えを尊重して話し合って解散時期を決めたようでした。もうAさんもすっかりこのプロジェクトの中心にいます。

ふと、あることに気づきました。そういえば、Aさんの落ち着かない行動が激減していたのです。Aさんはポケモンプロジェクトを通じて友達とのつながりが強くなっていきました。周囲との関係性もよくなり、イライラすることもなくなりました。もう、前のように教室から飛び出していく必要がないのです。**子どもたちにとって「友達とのつながり」がいかに大きいかということを、Ａさんに教わりました。**一生懸命、逃亡しないように願っていたけど、Ａさんは友達と触れ合いたかっただけだったんだなと。

その後Ａさんは、いろんな子に慕われ、学習も頑張ることができるようになっていきました。Ａさんが家庭の事情で転校してしまうとわかると、たくさんの友達が涙を流しました。

お別れ会をした転校当日、みんなそれぞれの想いをＡさんに伝え、別れを惜しみました。

Ａさんが話した、

「みんな、私のことを受け入れてくれてありがとう！」

という言葉を聞いた時、涙が止まりませんでした。

まさにプロジェクト活動が一人の子の在り方をも変えた今回の事例、いかがだったでしょうか。

04

大会連覇を実現したにこにこプロジェクト

さて、ある年の二年生のクラス目標は「友だち・かつやく・せいちょう　にこにこ2組」でした。2年2組だったから「にこにこ2組」誰が言い出したかわからないけど、スッとクラスに馴染んでいきました。

このクラスでは、「にこにこ会議」というクラス会議を行っていました。週に3回、みんなの悩みごとを話し合います。2周トーキングスティックが回る間に、ブレインストーミングで意見を出す会議です。詳しくは前述の本（P88）の他に、深見太一著『対話でみんながまとまる！　たいち先生のクラス会議』（学陽書房）を参考にしてみてください。

後期（10月〜）から、このにこにこ会議は子どもたちが運営するようになっていました。

それを担っていたのが、「にこにこ会議プロジェクト」です。会議が得意なメンバーというわけではないのですが、みんなの前で話をしながらまとめようと努力していました。その年は、特別活動の授業研究を引き受けたこともあり、学級でも朝の時間を利用して週に３回クラス会議に取り組んでいました。二年生だとどんな議題が出るのか？と思う方もいるかもしれませんが、「掃除をやらずに遊んでいる人がいる」「宿題が終わらない」「ボールを男子が取ってしまって、女子もボールで遊びたい」「ハロウィンパーティーをしよう」などなど、議題が尽きることはありませんでした。

「にこにこ会議プロジェクト」のメンバーは、だんだんと話し合いのコツをつかんでいって、スムーズに遂行できるようになりました。自信をもって進めるようになると、次は、一緒に会議をやってくれる仲間を募ってサポート役に回りました。

「え、二年生が⁉」と思うかもしれませんが、できることを積み重ねていけば、他の誰かに教えることもできます。**自分ができることを教え合って、新しいものをつくっていける力が子どもたちにはあるのです。**

この子たちが活躍したのが、学校伝統の行事だった、「長縄大会」と「ドッジボール大会」です。長縄大会では、「長縄プロジェクト」のメンバーとともに、たくさんのことを話し合いました。

―連続跳びができる練習方法は？

―最高の並び順は？

―苦手な人が長縄に取り組みたくなる方法は？

―さらに回数を上げるためのコツは？

　子どもたちはほとんど練習せずに話し合っているんですよ。こっちから見たら「もうちょっと練習した方が…」と思うのですが、何よりも話すことが面白い、そんな不思議な力をもったクラスでした。**話し合うことで「当**

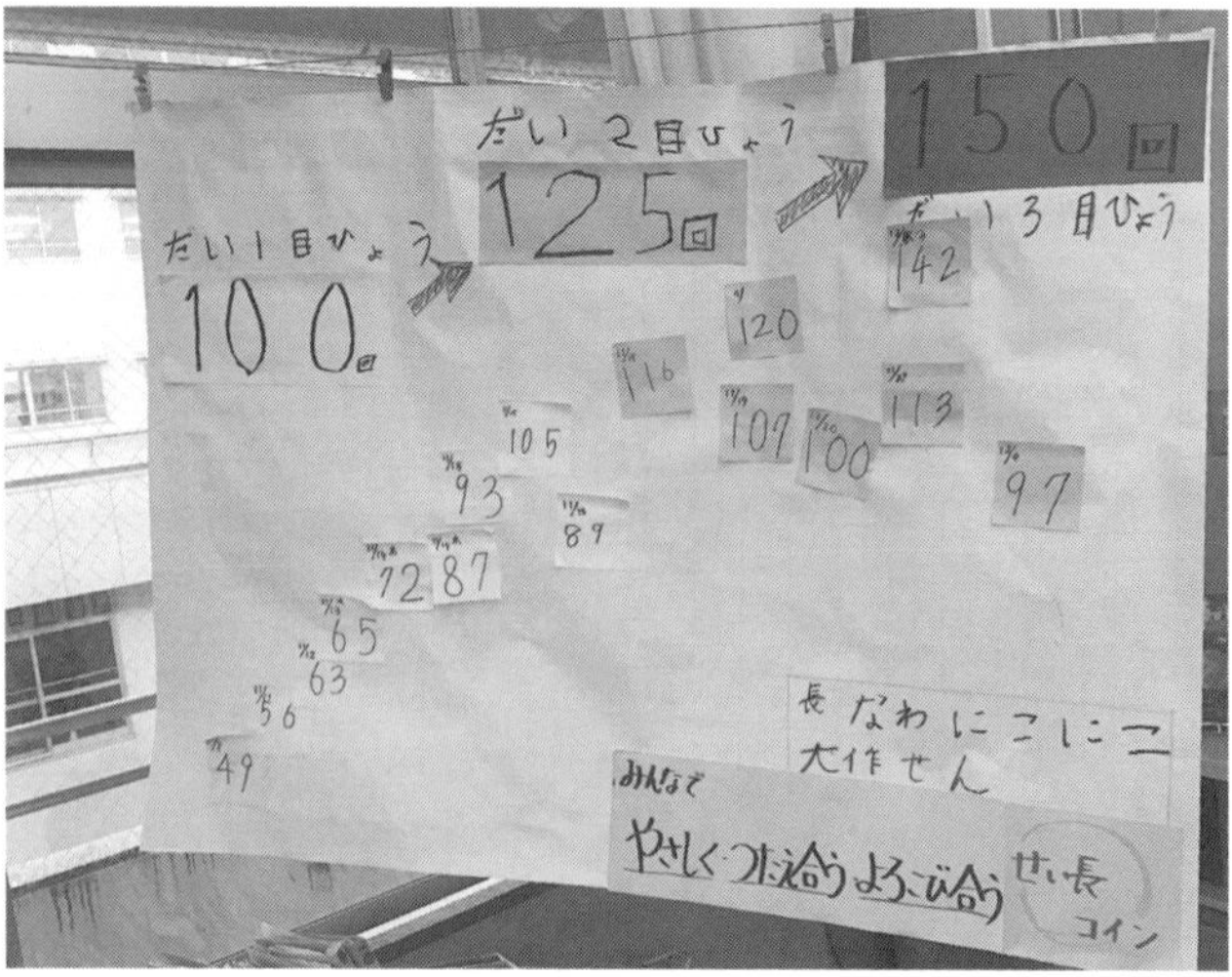

事者」が増えていくのです。にこにこ会議×長縄のコラボ企画の取り組みについては、話し合いがエネルギーの根っこになって、「長縄熱」が続いていきました。悔しくて泣くことも、こちらがハッパをかけることも、子どもたち同士で喧嘩をすることもありません。ただただ楽しんで日々決まったことを試して実験していく子どもたちの姿がそこにありました。

話し合っては実践し、振り返る。また話し合い、実践する。一人、また一人といつの間にか連続跳びができるようになり、回数が驚くほど伸びていきました。

結果、当日は174回を記録。練習量がわずかにもかかわらず、学校全体で４位（さすがに六年生の３クラスには勝てなかった）という記録を出すことに。ボクも驚きました。

今だとそれがなぜか説明できます。子どもたちは「与えられたものを練習してうまくなる」というごく当たり前の構図ではなくて、「自分たちでつくる」ことを大事にしていたのです。だから**誰もが当事者、つくり手だった**のです。自分事になっているものに対して、子どもたちは短い時間でも情熱をかけて取り組みます。

「自分たちでつくる」力のすごさは、ヒミツキチ森学園で先生をするようになってから、さらに確信に変わりました。海の運動会を、イチから子どもたちとつくる。修学旅行を、行き先から予算まで、子どもたちとつくる。そうやってつくるプロセスの中に、「みんなとつくってよかった」が生まれ、周りとの関係性が深まっていく。

この時の長縄へのプロセスも、話し合いながら自分たちでつくっていたのです。それが子どもたちの関係性を深め、意欲を高め、回数という成果につながっていきました。

ボクたちはもっと子どもたちを信頼して一緒につくることを大事にしたいし、つくった経験は大人になっても生きると思うのです。プロジェクト活動は、まさにこういう**「つくる経験」を体感しやすい活動**と言えるでしょう。

冬にはドッジボール大会がありました。

一〜三年生と四〜六年生のペアクラスがタッグを組んで対戦していきます。下の学年同士の試合の当てた点数が、そのまま上の学年同士の対戦の点数に持ち越されて、勝敗が決まるというルールです。一年生対二年生のクラスの試合には、下の学年の方にハンデがあるなど、よく考えられた大会でした。今も続いているといいなぁ。

この大会でも、「にこにこ会議プロジェクト」が活躍。元々ドッジボールが好きなメンバーが集まっていたこともあるのですが、積極的に話し合っていきました。

「クラスとしての作戦は？」

「みんなで決めておきたい決まり事は？」

「誰が元外野に行く？」

ちゃんと意見を言い合って決めていきます。時には時間がなくなり、次の機会に続きを話し合うことも。

休み時間は子どもたちで練習をしていたみたいですが、クラス全体で練習したのは、大会前に１回だけ。それもペアクラス（仲間）の四年生と練習試合をしただけでした。

ここでも統率の取れた動きをしていて、一人ひとりが考えてボールを投げていて、すごいなぁとただ感心しました。

結果、ハンデをもらいながらですが、四年生のクラスをやっつけてしまったのです。

これなら三年生以下のクラスに負けるわけがありません。どの試合でも相手を圧倒しながら、見事優勝を勝ち取りました！

対話を通じて、自分たちでつくること、その力を感じた彼らの活躍でした。

昨年、彼らが六年生になった姿を見に行ったのですが、その時のプロジェクトのメンバーは今でも学校の中心で活躍していました。堂々とした立居振舞はあの日のまま…それが本当に嬉しかったです。

05 改めて振り返る、プロジェクト活動で子どもたちについた力

さて、ここまではプロジェクト活動の軌跡について見てきました。実際に自分で書きながら振り返ってみると、プロジェクト活動のさらなる利点が見えてきます。

プロジェクト活動は「接着剤」

実行委員や委員会の活動を学級活動と融合したり、「漫画プロジェクト」のようにクラスの成長を形にしたり、プロジェクト活動は、クラスという有機的なシステムが結びつく接着剤のような役割をしているのです。

そう、**クラスは「システム」なのです**。ピーター・M・センゲ著『学習する学校』にも

精通している友人の福谷彰鴻は、**「システムとは何かと何かが相互依存的である状態」**だと話しています。**つながり合ったもの同士が影響を与え合う時、一個が変わると、全体が動いたり変わったりします**よね。クラスとは何かのパーツを変えたらうまくいくものではなくて、常に連動して動いていて、形を変えていくもの。だからこそ、一人ひとりをつなぐ接着剤のような役割であるプロジェクト活動はクラスにとって必要になるのです。当番活動や、委員会活動と同じような枠ではなくて、その隙間に存在し埋めてくれるもの、そんなイメージです。

接着剤がもたらす三つの力

接着剤の役割が、どんな力につながるのでしょうか。それは次の三つに集約されます。

・期限や達成条件によって、自分たちで調整して進めていく力
・同時にいくつかのプロジェクトを回すマネジメント力
・一人ではできないことでも、一人の熱狂から始まる「熱狂力」

一つ目は、「**自分たちでゴールに向かう道筋を調整して進めていく力**」です。期限が決

まると、ゴールに向けて調整していく意識が芽生えます。いつまでにこれをやるのか、それは何のためにやるのか、楽しみながらも自分たちで調整していく力がついていきます。

自分たちのやりたいことだからこそ、プロセスを調整する力がつくことも見逃してはいけません。やりたくないことでは、この「なんとかする力」ってつかないのです。

二つ目は、「**自分自身のマネジメント力**」です。クラスも後半に進むにつれて、掛け持ちが増えていきます。同時に進むいくつかのプロジェクトを回す力もついていきます。

大人になった時、私たちはどのような働き方をしているでしょうか。先生であるあなただって、いくつかのプロジェクトを同時並行させていませんか。ボクも最近では、先生という仕事の他に新しい仕事をつくるようになりました。いくつかの仕事を複数同時に進めていますが、仕事なのか遊びなのか混ざりつつ楽しんでやっています。でも、それにも対応できる力がついてきているのも事実です。

子どもたちも、プロジェクトの掛け持ちや、委員会などの仕事、授業の中のやるべきことなど、いくつものことをマネジメントする必要があります。そうやって自分のやることを調整しつつ、前に進んでいるのです。

三つ目は、**一人ではできないけど、一人の熱狂から始まる「熱狂力」**。

一見相反しているようなこの二つの現象ですが、ボクはすごく大事なことだと思っています。学校では、「みんなで力を合わせる」ことがよく求められると思うのです。この時、その内容が一人ではできないことであれば、必然的に納得いくのですが、一人でもできることをみんなでやっていることもしばしば。プロジェクト活動の場合はどうかと言うと、時と場合によると思っています。でも、確かに協力する場面は多く見ます。「ニコニコプロジェクト」や「サークルプロジェクト」は、昔の学級委員の役割ですので、一人ではできません。

しかし、「漫画プロジェクト」を支えたのは、圧倒的な「描きたい！」という一人の子のエネルギーです。このエネルギーの大きさが、素晴らしいプロジェクトを生み出しました。そう、**一人の熱狂こそが、いつもと違うスケールを生み出していくのです**。ボクのクラスを支えていたのは、彼女の熱狂だし、ポケモンを愛する彼らの熱狂だったりします。

学校の中でも、もうちょっとだけ、一人の熱狂を大事にできるといいなと思っています。狂ったような熱さ、大人になっても狂ってる人が生み出すものが世界を変えていきます。

天才と呼ばれる人たちは、どこかに狂気をはらんでいます。熱狂の中に、子どもたちの個性を磨き上げていく…そんなクラスになることをいつも願っています。

Column 03

プロジェクト活動をしていた教え子に聞いてみよう

ここでは、「漫画プロジェクト」で活躍したTさん（現高校二年生）にインタビューをさせてもらった。当時のクラスのことを思い出しながら、どんなことを考えていたか、インタビューの様子をご覧ください。

―プロジェクト活動でどんなことを覚えていますか？

漫画を書き上げたことですね。当時よりは今の方が、やっぱ学力的には上がっていると思うし、成長していると思うんですけど、漫画を全部最初から最後まで書き上げたっていうのは、当時の私にしかできないことだと思っています。

—今までも絵が上手な子には出会ってきたけど、絵がうまくてもストーリーが書けなかったり、ストーリーは書けるけど絵が描けなかったり…そんな中、あの画力でストーリーまでつくり込んでいたことがすごかった。

やっぱやりたいって思ってもなかなか最後までできないじゃないですか。自分で言うことじゃないんですけど、本当に当時よく最後まで書いたなって思っていて…締め切りギリギリの漫画家みたいな感じで、ワクワクしながら取り組んでいました。

—当時の漫画作品を見せる。

ちゃんとルビとか振ってあるの笑っちゃいます。ちょっと小学生っぽくないですけど、藤子不二雄さんが好きで、お父さんの買ってきた漫画ずっと読んでて…読んでたらやっぱ書きたくなって、インタビューみたいなのまで読んで、そういうやり方あるんだみたいな感じで学んでいました。参考にしながらこの漫画も書いてました。

―何がきっかけで、「漫画プロジェクト」立ち上げたのか覚えてる？

オリジナルキャラクターとかで、元々休み時間にずっと漫画書いたりとか、キャラクターについて話したりしてて、多分そこから友達と一緒に漫画やろうみたいな感じになったんじゃないかなーって思います。

長縄大会のことを、すごい物語みたいだったっていう、ドラマみたいだったと振り返っていました（P109参照）。

そこから「漫画」ってなった時に、やっぱ自分たちの話が書けたらいいみたいな感じで始まりました。

完結して、先生も含め、いろんな人から、「読んだよ！」「面白かったよ」って友達のお母さんも言ってくれることがあったから、ちょっと恥ずかしかったんですけど、嬉しかったです。

―悩んだり困ったりとかありました？

期限というか、きっちり何日までにとか決まってなかったと思うんですけど、卒業までに完結させなきゃっていう想いがありました。

プロジェクト活動の風景で覚えていることを話すと、休み時間に「裁縫プロジェクト」の人が裁縫してたりとか、話し合いのボックスみたいなのをつくってたりとか、**ワクワクする面白さがありました**。教室の飾り付けとかありましたよね、明るい雰囲気のクラスにしようみたいな。

ただ、やっぱり覚えているのは「漫画プロジェクト」で、完結させられたことが大きい。やっぱ単純に**やりたかったことをできていると思える**のが楽しかった。自分の趣味を学級通信という形で載せてもらえること、本当に連載しているみたいな感じで楽しかったです。

当時、話し合いの時間を朝の会とかでとってたじゃないですか、結構今でも記憶に残ってるんですよ。いい思い出だったなって思います。気軽に話せる場所があるといいですよね。

学級全般がそんな感じだったんです。**「こういうことをやりたい！」って言った時に、先生や友達が肯定してくれる、「やろうよ」って言ってくれるっていうのが嬉しかった。**周りの人に自分の好きなことを肯定してもらえるというのも嬉しいし、さっき言った通り自分が読むのが好きなんで、いろんな人に読んでもらえる、本で読んでいるみたいな感じで受け止めてもらえるの、なかなか普通じゃできることじゃないです。

—中学・高校でもやりたいことできている？

部活の方で去年まではコロナであんま活動できなかったけど、今年同じ学年の子たちと仲よくなってきて、そっから部員を増やすプロジェクト始めてみているんです。自分たちの描いた絵をまとめて一冊の本みたいにするんですけど、それをやろうっていうのを先輩も巻き込んで計画してて…一年生が通る廊下の前に、作品を三人で三日間ぐらいでつくりあげました。私たちもそれからだいぶ仲よくなってきたんです。

—プロジェクトでやったことが、その先の未来でも生きているようで、嬉しかったよ。今日は本当にありがとう。

Tさんが高校生になった今、覚えていることを誠実に話してくれた。彼女が今も元気に高校生活を楽しんでいることも嬉しかった。ボクの中では特に強く、彼女のやりたいこと

を肯定した覚えはない。でも**プロジェクト活動自体が、肯定しやすいシステムになってい**
たことを、実感している。

個人としては一人ひとりを大事にしたくても、しきれない瞬間ってあると思う。日々の忙しさがあれば、なんだかんだで動きにくい時、意識しにくい時がある。でも、システムとして確立していることで、そこを越えていけることを他の学級経営の取り組みの中で、確信している。

プロジェクト活動が、先生としての幅を広げてくれたこと、深く感謝している。Tさん、本当にありがとう。

第4章

プロジェクト活動を支えるクラスづくり

01

弱みではなく強み、誰の凸凹もそのままでいい

振り返りの土台となる問い

凸凹のある一人ひとりが強みを発揮し成長しようとしているか

そのためのクラスづくり

- 弱点は克服するのではなく強みに目を向けよう
- 弱みは弱いまま、誰かの凸凹とはまるはず
- どんどん頼り、依存先を増やしていこう

この章では、**プロジェクト活動を支えるクラスづくりとはどのようなものか**を考えたいと思います。係活動をプロジェクト活動に変えるだけだと、うまくいかないこともあるでしょう。プロジェクト活動では自分たちのやりたいことを推奨しながら、授業は一斉授業で子どもたちは受け身の状態…これでは、変化は望めません。

そこで、クラスを振り返る六つの問いを用意しました。この問いに答えるつもりで、あなたのクラスを眺めてみてください。思い浮かんだことをメモしながら進んでみましょう。

一つ目の問いは、**子どもたちは、凸凹のまま、強みを発揮し成長しようとしているか**です。あなたのクラスはどうでしょうか。凸凹をならす圧力がかかってませんか。

先生がどこに焦点を当てるか

マリリー・スプレンガー著『感情と社会性を育む学び（ＳＥＬ）子どもの、今と将来が変わる』には、「ＳＥＬは、生徒がストレスや不安と向き合う機会となり、『社会的欲求（所属と愛）』を満たすためのものなのです。それらがなされて初めて、高次の思考力に集中できるようになります」と「アドバンテージ・アカデミー」の創設者であるアラン・ベックの言葉を引用しながら述べています。この本を読むと**いかに学校が、子どもの感情を大事にしてこなかったかというのを痛感させられます**。

感情と思考は密接につながっていて、子どもたち一人ひとり全く違います。『学習する学校』の中にも「メンタル・モデル」という言葉が使われています。「メンタル・モデル」は、**私たちが自分自身について、他の人について、また制度やその他世界のあらゆる物事について、心に抱くイメージや前提やストーリーであると**。先生が子どもを見る時には「こうあるべき」という先生のメンタル・モデルがあります。これ自体は悪いことではないのですが、メンタル・モデルが無意識に作用している状態は、先生を、子どもたちを苦しめます。そして、メンタル・モデルは毎日一緒にいる子どもたちにも影響を与えます。子どもたちに無意識に植え付けてしまっている「ものの見方」も存在するのではないでしょうか。

弱点は努力して克服しなくてはいけない。これも一つのメンタル・モデルです。

ボクは小学校の時から図工が苦手でした。先生の言うことを聞いていれば大抵の教科は理解できたのですが、図工だけが急にクリエイティビティを求められます。「人と違う自分らしさ」を求められる図工はボクにとってはまさに異質な存在。「正解は何？」と先生に怒られないようにしつつも、納得できる答えを見つけられず、苦しんでいました。「あぁ、今回もダメだったな」。自分が一番よくわかっていたのです。もちろん、そこで色の塗り方を先生に聞けばいいし、今ならネットで調べればいいのでしょうが、昔はそれもできなかった。学校のせいだけにする気はありませんが、植え付けられてしまった苦手感は、長いこと拭えないままでした。

さて、ここで今一度問います。**弱点は努力して克服することが必要でしょうか。**

克服する努力を強いられていた小学生のボクですが、翌年は発想豊かなおじいちゃん先生。その先生に言われた、

「青山君は、得意なことだけやっていればいい」

という言葉が、そこから長い間、自分を支えてくれました。

「え、図工をなんとかしなくていいの？」

「いいんだよ、得意なことをやりなさい」

そう言ってもらった時、すごく気が楽になったのを覚えています。この年、あらゆる面で成長を見せ、図工の成績も上がり、すべてがうまくいくようになったのです。

学校の先生って、基本的に**みんな同じように一人でやること**が求められます。「私、体育苦手だから、この教科はお願い！」とはできないですよね。だからこそ子どもたちにも同じことを強いるようにはなってませんか。

でも目の前の子どもたちは一人ひとり違う。**弱点は個人の努力で補うものじゃない**のです。チームで働くのが当たり前の時代に生きている彼らは最初からコミュニケーションありきです。先生がどこに焦点を当てるかで、こんなにも子どもたちの可能性が違ってきます。**子どもたちは強みを尖らせていく方にシフト**していくべきで、**弱点の克服に時間をかけている暇はないのです。圧倒的な強みを尖らす教育に変えていきましょう。**

プロジェクト活動における強みの磨き方

そんな視点でプロジェクト活動を見ると何が見えてくるでしょうか。

ポケモンプロジェクトの彼は、強みを自分のコミュニケーションの一つとして機能させていました。漫画プロジェクトの彼女は、漫画を描くという強みを使って、クラスを一つにまとめ上げました。ただ彼らもずっと自分の強みの使いどころに悩んでいました。**強みは、いろんな角度から磨いてみないとわからないのです**。子どもの時から、たくさんの試行錯誤があって、自分の強みを発見していきます。自分の強みに蓋をしない、それをどう生かすか発揮できるかにフォーカスを当てる。それぞれの「やりたい」から始まるプロジェクト活動は、強みにフォーカスを当てやすい活動なのです。

強みに焦点を当て続けると、誰の凸凹も気にならなくなってきます。**自分の弱みは弱いままで、誰かの凸凹にピタッとハマるはずだから**。とことん強みを磨こう、そんなメッセージを本心から伝える教室にしたい。プロジェクト活動がうまくいくには、凸凹があるまま、たくさんの人と関わっている状態をいかに普段からつくれるかにかかっています。

自分の凸凹がピタッとハマる人が教室の中で、少しずつ増えていった時、子どもたちは自信に溢れた姿を見せてくれます。「**自立とは自分の依存先をたくさん見つけること**」脳性麻痺がありながら医師として活躍する熊谷晋一郎※が話しています。私が身を委ねていい場所が増えていく、プロジェクト活動に期待せずにはいられません。

※ https://www.univcoop.or.jp/parents/kyosai/parents_guide01.html

02

1対1の関係性から広がるクラスづくり

振り返りの土台となる問い

子どもたち一人ひとりは大事にされているか

そのためのクラスづくり

・一人ひとりの感情・尊厳を大事にしよう
・集団は個の集まり、一人から始めよう
・継続的に流動性を担保しよう

1対1を30回繰り返す

さらにクラスづくりに焦点を絞っていきます。二つ目の問いは、**子どもたち一人ひとりが大事にされているか**です。クラスづくりは1対30ではなくて、**1対1を30回繰り返していくこと**、これをボクはモットーとしてきました。

学級をうまく動かす、機能させる…それは技術でもあるでしょう。でも、根っこのところで、「私たちは動かされている」…というのは子どもは感じ取ります。

そうではなくて、1対1がベースにあってこそ、全体の指示も通る。そういう流れだと思うんですね。そのための方法や考え方は、前著『先生が知っておきたい「仕事」のデザイン』でたっぷりと書かせていただきました。子どもたち全員と一日2回話すこと。クラス内にペアをつくること。一人ひとりにファンレターを渡すこと。**たくさんの対話の中で、子どもたちの感情や尊厳を大事にしたクラスづくり**、言葉にするとこうなるでしょうか。

最近、この関係づくりの重要性を感じたエピソードを紹介させてください。

ヒミツキチ森学園では、一〜三年生の森クラスと、四〜六年生の海クラスに分かれています。ボクは、三年目から海クラスを担当しています。海クラスは一緒にヒミツキチ森学園をつくっていくフェーズにあるクラスです。23年度は一～三年生のグループリーダーが変わり、公立小学校からやってきた頼もしいメンバーが一人加わりました。はじめてのオルタナティブスクールでの実践は、彼女にとっては壁が高く、悩んでいる時期もあったため、ボク自身もなるべく学園全体で一緒にやることを意識していました。学年が変わってすぐの時期は、はじめてのことに不安を感じる子も多いのです。

4月、5月と、全体での活動を多くしたのですが、なぜか学園が落ち着かないのです。子ども20名を大人二人で見ているのですが、子どもたちの不安感が拭えず2か月が経ちました。「何がこの状態を生み出しているんだろう」。そんな問いをもちつつ過ごしていたある日、海クラスだけを連れて、釣りに行く日があったんです。

海クラスのメンバーだけで出かけた久しぶりの機会。この時間がすごくよかったのです。感覚的にですが、すごくよかった。その時気づいたのは、**全員の幸せや安心感を願っていた自分のビジョンは少しずれていたんじゃないかってこと**。

「学年の全員で子どもを見ましょう」。より多くの人数を複数の目で見ることの大切さって耳にするじゃないですか。だけどこの時の子どもたちは真逆。「もっと私のことを見てほしい」だったんです。グループリーダーと相談して、一クラスでの活動を多くしていきました。ボクがもっと全体を見るんじゃなくて、海クラスの一人ひとりと話す時間を多くしました。一人の子の悩みには、とことん寄り添ってみました。

すると、少しずつ一人の満足が周りに伝播していくようになり、安心感が広がっていったのです。気づくと、学園全体も落ち着きを取り戻しました。

クラスはシステムであり、実態が見えないものです。でもよく考えてみると、**一人ひとりの個が集まったものに、「クラス」という名前をつけているだけだということに気づきます。**ボクらはそれを忘れがちになり、「いいクラス」「悪いクラス」とか実態のないものに「いい」「悪い」などの形容詞をつけて表現しています。**集団は個の集まりであることを忘れてはいけない。まずは一人から始めることが基本にあります。**

継続的に流動性を担保する

さらには、「ずっと続いていくこと」もクラスづくりのベースです。今日うまくいったとしても、いかなかったとしても、明日も同じように続いていく…

プロジェクト活動も続いていきます。その中でうまくいかないこともたくさんあります。だからこそすぐに判断するのではなくて、そのモヤモヤに向き合う時間ももちたい、もたせてあげたいと思っています。先生も子どもたちもモヤモヤが生まれることを恐れずに、続いていく子どもたちの可能性に目を向けていきましょう。

グループの流動性がいかに大事かは、強みに焦点を当てるところでも話したことです。あなたのクラスのグループは流動的になっているでしょうか。いつも同じ班の仲間と話したり、同じグループで固まったり、まさか掃除当番は半年間一緒などになっていないでしょうね。

グループが固定的だと、プロジェクト活動は難しくなります。

自分はこの子と深くつながっている。でも、あの子とだってそれなりに話せる。この二つが担保できる、グループの流動性はクラスに必要です。

これらが基盤にあれば、きっとプロジェクト活動も軌道にのっていくはずです。

03

自己選択・自己決定が学習し続けるチームを生む

振り返りの土台となる問い

子どもたちが心からやりたいことに、選択肢・決定権があるか

そのためのクラスづくり

・やりたいことを自分たちで選択できる自由をクラスのシステムに取り入れよう
・先生もクラスにいる一人として、子どもたちの自己決定を尊重しよう
・腹を割って、本音で子どもたちと話そう

一歩踏み出す人がリーダー

三つ目の問いは、**あなたのクラスに、子どもたちが心からやりたいことに対しての、選択肢・決定権があるか**です。

学習とは何でしょうか。前述の『学習する学校』の著者であるピーター・M・センゲは、「学習とは人間が成長するプロセス」と話しています。センゲの言葉の続きを聞くと、学習とは「**自分が本当に実現したいと思っていることを、できるようになるまでのプロセス**」とも言えます。自転車だってそう、乗りたいと望むから習得する力が湧いてきます。

また、リーダーという言葉の元になっている「リードの語源」についてもセンゲは「境界線を越えて足を踏み出すこと」と表現しています。責任をもち、未知の領域に一歩踏み出す人はリーダーなんです。**学級の中に、一歩踏み出し続けるリーダーが一人、また一人と育ってきた時に、クラスは、変わっていくはずです**。

もう少し「一歩踏み出す」の解像度を上げていきましょう。この一歩というのは、自分で踏み出すからこそ価値があります。自分で価値判断をします。人に後押しされた一歩ではなく、自分自身が決めて、自分自身が選んでちゃんと一歩を踏み出すことが大事です。あなたのクラスでは、その自己選択・自己決定が教室のベースになっているでしょうか。

例えば、教員時代のボクのクラスでは、自主学習（※Ｐ223参考文献ブログ記事②）に取り組んでいました。これも宿題の内容を自分で選ぶことですよね。さらには、高学年になると、ブロックアワーを導入していました。ヒミツキチ森学園でのブロックアワー（※Ｐ223ブログ記事③）のように、自立学習とまではいかなかったのですが、週に1、２時間は自分の選択した学習をする時間がありました。その時間の中で、テストの直しをやったり、算数の解き残している問題を解く時間をとったり、プロジェクト活動をしたり、子どもたちは自分のやりたいこと・やるべきことに合わせて選択をしていました。

自分の時間をどう使うかを練習しないまま大人になるのは怖いことです。自分の選択がうまくいったかどうかは、自分自身で考え、振り返り、次の一手をつくり出して見えてくること。**クラスのシステムがこのように「選択する余白」をもっていることが重要です**。

３章で挙げた長縄大会やドッジボール大会の例も、自己選択・自己決定の上に成り立っています。自分たちで話し合うことを選んで決定していました。時には思い通りにいかないこともありますが、繰り返し取り組むことで、少しずつ選択できるようになるのです。

自分たちで決める・自分たちで選ぶ

ヒミツキチ森学園の例を挙げさせてください。

開校から3年目、六年生が3名いるタイミングで、はじめての修学旅行がありました。予算、場所、何をするか、どこに泊まるかまで、2か月かけて子どもたちと決めていきました。自分たちで電話をかけ、お礼を伝えながら決めた宿泊場所。東京から行くのか熱海から行くのか、時間や運賃すべて考慮して、仲間との対話の中で決めることができました。

時には食事のことで仲間と喧嘩して揉めることもあった子どもたち。それでも修学旅行当日は、一つのことが終わるたびに達成感を得ることができ、一緒に決めた仲間と喜び合いながら楽しむことができました。この幸福感というのは、想像を超えるものでした。

自分で決めるということは、とことん子どもたちと付き合うということ。腹を割って話し合うということ。揉めることを恐れずに本音で話すということ。運動会の例も修学旅行の例も、長縄と同様に、「自分たちでつくる」＝「当事者でいる」ことによって生まれたエネルギーです。自己選択・自己決定の毎日がベースにあることを心がけましょう。

04

土壌を耕し続けてオーナーシップが子どもたちに渡っていく

振り返りの土台となる問い

クラスの中で、先生としてのあなたの役割は何か

そのためのクラスづくり

・一貫して子どもたちのサポーターでいよう
・土壌を耕すまなざしを育もう
・子どもたちの尊厳を尊重していこう

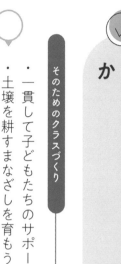

先生の役割

四つ目の問い、それは、**先生としてのあなたの役割は何か**です。

ボクは先生を始めた頃、**自分の力で子どもを育てる、それが先生の役割**だと思っていました。子どもたちはボクらが仕掛けたことで成長していく、いかにいい仕掛けを持っていて、子どもたちを伸ばしていけるか…。それが先生である意味だと信じていました。

我が家では家の前の小さな庭で野菜を育てています。ボクが初任校時代にやっていたことは、これらの茎を持って、**伸びろ伸びろと引き伸ばしていたこと**だったわけです。タイミングなど考えずに、肥料をたくさん与え続けていたのかもしれません。伸びろ伸びろと言われて、その通りに伸びる野菜なんて、ありませんよね。野菜が育つには、不要なわき芽を取り除いたり、土に注目してそこに刈った草を敷いて急激な温度の変化から守ったり、水を蓄える土壌を育てたりします。毎日、野菜の状態を見て、何が適切かを判断し、その成長が最適化されるようにサポートします。

そう、**ボクらができることは、このように土壌を耕すこと**です。子どもたちに刺激を与えて伸ばそうとするのではなくて、じっくりと見守る。子ども任せにするのではなくて、子どもたちが自ら伸びるためにどんな土壌をつくるかを、日々考えていくことにあります。

土壌を耕す上で大事にしている三つの在り方

土壌を耕す上で、どういう在り方でいるといいでしょう。ボクは次の三つだと考えます。

・一貫して子どもたちのサポーターであること
・土壌を耕すまなざしを育むこと
・子どもたちの尊厳を尊重していくこと

一貫して子どもたちのサポーターであること。これがなかなか難しいのではないでしょうか。どうしても、「忙しい」「時間がない」「全体で動く」ということを言い訳に、子どもを動かして終えてしまいがちになります。工藤勇一・青砥瑞人著『最新の脳研究でわかった！　自律する子の育て方』の中で工藤校長が、「**どうした？この後はどうしたい？私に何か手伝えることある？**」、この三つの言葉の流れを使うと、子どもが主体的に動くようになると話しています。こういう声かけがまさしくサポーターで居続けられる秘訣なのでしょう。**大事なのはツールではなく、自分自身の在り方を見つめて、納得してツールを使うことです**。子どもたちの頑張りや戸惑いを応援できる人でありたいですね。

土壌を耕すまなざしを育むこともそれに続きます。子どもたち自身を変えるのではなく、ボクらが変えていけるのは土壌だけです。周りの環境をどうするかに注力しましょう。せっせと土壌を耕し、水をやり、整えていく。そんな人でありたいと思っています。植物を想像した時に、生えている茎や葉っぱにアプローチするのではなく、根っこはどうなっているか、土はどうなっているか…、そこに何ができるかを考えるイメージです。

そのために必要なのはリフレクションです。振り返る習慣がなければ、ボクらは無意識にアプローチしてしまいます。毎日の振り返りの中で、直接の行動に目が行き過ぎてないか、土壌を耕しているか、毎日の振り返りが気づかせてくれます。

子どもたちの尊厳を尊重していくことも、非常に重要なポイントです。

子どもを子どもとしてではなく、一人の大人として尊敬していくこと。ボクは、上から褒めるのではなくて、一人の大人として「尊敬している」と伝えることを心がけています。

こうやって、子どもの土壌を耕し続けていくうちに、自然と子ども側に渡っていくもの、それが「オーナーシップ」です。オーナーシップは子どもたちに渡すものではなくて、結果として渡るもの。ボクらが何かをしたからといって渡るものじゃなく、手渡せるものでもないのです。土壌を耕し続けること、やがてその態度やプロセスが、在り方として子どもの中に浸透していく…、こうやって時間をかけて結果的に渡っていくものなんです。**土壌を耕し続けてオーナーシップが結果として渡っていく**。プロジェクト活動の際もこの三つのポイントを大事にしていきます。

だから、人によっては今までの先生像を整理することも大事かもしれません。ボクの友人である深見太一は『アンラーンのすすめ』（東洋館出版社）の中で、「アンラーンとは学びを否定することではなく、これまでに学んだ知識や身につけた技術をふりかえり、さらなる学びや成長につながる形に整理するプロセスです」と述べています。自分の学びや、マインドセットを見つめ直し、よりよく編集し直すこと、アンラーンし続けたいものです。

みんなが言うからこうしようではなくて、プロジェクト活動を通じて、**今まで自分が見ていた子ども像や先生像に変化が生まれてほしい**のです。在り方を問い直して新しい自分をつくっていくプロセスこそ、これからの先生には必要なことではないでしょうか。

05

対話がクラスのベースにある

振り返りの土台となる問い

本音の対話ができる文化がクラスにあるか

そのためのクラスづくり

- 1対1の対話をクラスに散りばめよう
- 本音の対話ができる場をクラスにつくろう
- 子どもの中にある必要感を引き出そう

五つ目の問いは、**本音の対話ができる文化が、あなたのクラスにはありますか。**この際の対話には2種類あり、1対1での対話と、クラス全体での対話です。

1対1での対話

1対1での対話には「ペアトーク」や「オープンクエスチョン」（P223ブログ記事④）を活用します。ペアトークは、毎日のペアを学級の中でつくっていたボクの実践でも肝となるものでした。詳しくは『先生が知っておきたい「仕事」のデザイン』の50ページ「仕組みとつながりで仲を深めるペアづくり」に載せてありますので、ご覧ください。

このペアを使って、6時間の授業中も、朝や帰りの会でも、とにかく話をしていました。お題で話す、授業中自分の考えをペアで話す…。何気ないところでたくさん話すことで、いろんな人との関係性を築いていきます。手軽にできる絶対にやるべき活動ですが、勧めても、やらない先生は多いのです。

そんな時はハードルを低く、まずは隣の子をペアにして始めてみてください。やっているうちに「隣の席の人とだと飽きる」となるはず。そうなってから、いろんな子とペアをつくるようにしていけばＯＫです。できることから少しずつ取り組んでみましょう。

クラスでの対話

まずは1対1の対話ができること、相手の考えを深めながら聞けること、そういうスキルが身に付いてから、全体での対話に移っていきます。クラスでの対話は、サークル対話やクラス会議を活用します。

サークルでは、朝と帰りに集まるだけではなくて、授業時間の最後にもサークルを行っていました。ここでは、チェックインやチェックアウトを意識的に行います。朝登校してきて、休み時間から帰ってきて、まだ子どもたちは授業に集中しきれていない、今に集中しきれていない状態です。そんな中で無理やり始めてもしょうがないのは明白です。だから「私が今ここにいること」の意味である「チェックイン」から始めるのです。そこでの問いはさまざま。

「今日、この時間で学びたいと思っていることは？・進めたいと思っていることは？・」

チェックアウトでは、

「今日のこの時間で学んだことは？」
「今日のインタビューでは、自分の思ったことが聞けた？」
チェックインやチェックアウトで自分の声を置くこと、他者の声を聞くことを大事にしてみましょう。

その他に、公立の学校の現場時代から、現在のヒミツキチ森学園でも続けていることにクラス会議があります。学級会だけだと、クラスでの対話は、年に12回＋数回といった感じでしょうか。ボクはもっと気軽にクラスでの対話が必要だと感じていたので、朝と帰りにサークル（文字通り円になって座る）をつくったり、朝の時間にクラス会議を行ったりしました。

コロナ禍以降、現役の先生のリフレクションに伴走しています。学級経営のことを相談される方が多く、話を聞くうちに共通していたのが、「子どもたちがクラス全体に自分の考えを置く場所が少ない」ことです。

子どもたちだって日々の生活の中でいろんなことを考えています。その考えていること

や葛藤はどのように処理されていくのでしょうか。「先生に相談する」「友達に相談する」「親に相談する」など、誰か一人に相談することが、唯一の選択肢になっていないでしょうか。これを「クラスに相談できること」に変えていくことが、クラス会議の大きな役目だと思っています。「悩みの大部分は誰かに話せた時点で解決する」とはよく言われていることですが、「あの子は、それで悩んでいるのね」と共有されることが大きいのです。仲間が手助けしてくれる場面が増えたり、周りが配慮したり、よい循環が生まれていきます。「自分にできること」が小さな変化を生み出し、実際の生活に変化を生み出していきます。

「相談したい、こんなことをやってみたい！」

そういう声をあげることこそ、今の学校に必要なのではないでしょうか。そして自分たちの願いが出せるようになると、プロジェクト活動は活性化します。

クラス会議で、忘れられない出来事があります。

はじめて一年生の担任をした時のこと。クラスには「すぐに大声で罵り、暴力を振るう子」がいました。

「先生、Ｂさんがぶってきました」

「先生、Ｂさんがいつも怒ってきて、困ります」

ボクのところにもたくさんの苦情が入ってきます。どうしたもんかと考えていた時に、クラス会議に出してみようかと考えました。ただ、本人の了承がないといけません。でも相手は一年生、悪い方向に流れてしまうのではという心配もありました。

「今、Ｂ君が悩んでいることを、みんなにも知ってもらえたらいいと思うんだよね。今度クラス会議に出してみない？」

悩みながらもＢ君は、

「うん、いいよ、先生が言うならやってみる」

と話してくれました。

いよいよクラス会議当日、緊張の表情をしているＢ君。

「今日はＢ君の悩みなんだ」

子どもたちはＢ君への複雑な思いもあるのでしょう、ちょっと浮かない顔をしています。

「Ｂ君の悩みは非常に難しいことなんだけど、たくさんクラス会議を繰り返してきたこのクラスなら大丈夫。みんなでじっくり聞いてほしい」

そう切り出した時、クラスの子どもたちの顔は、頼もしい顔に変わりました。15年経った今でも、その表情の変化を覚えています。B君はぽつりぽつりと話し始めました。

「あの、ボクイライラしちゃうんだ。何にイライラしているかと言うと、うまくいかないことにイライラしちゃって…。友達になりたくてみんなと一緒にいるんだけど、嫌がられたりすると、つい怒っちゃって。それでみんなに嫌な思いさせているんだ。きっと…」

言葉はぽつりぽつりとですが、ちゃんと自分の言葉で語ってくれました。ボクも「ループ図（つながりの輪）」を活用しながら補足します。

「友達になりたくてみんなに近づいていく」

「嫌な顔をされたり、嫌がられたりする」

「嫌な気持ちになってイライラする」

「友達に嫌なことをしちゃって離れてく」

「さびしいから、また近づいてちょっかいする」

その時、ある子が叫びました。

「あーB君って、そうやってループに入ってるんだ！　繰り返しちゃってんだ」

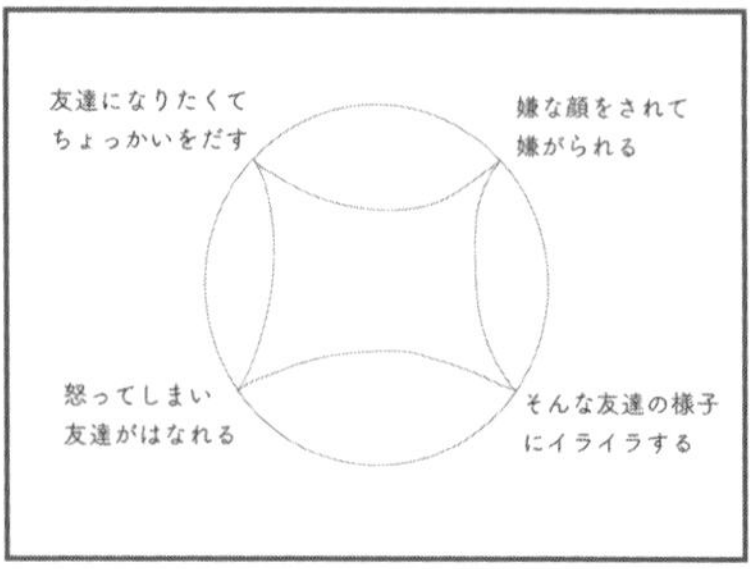

ちょっかいをだす
嫌な顔をされて
嫌がられる
そんな友達の様子
にイライラする
怒ってしまい
友達がはなれる

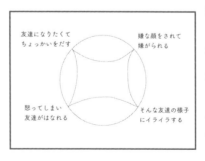

気づいて叫んだ子は、腕っぷしも強くクラスのリーダー的な存在でした。彼が気づいたあと、周りの子も、B君の悩みと抜けられないループに気づいたようでした。

「そうなんだよね、B君、この繰り返しに苦しんでいるんだよ。みんなわかってくれてありがとう」

B君もちょっと照れながら、ほっとした顔をしています。

「じゃあB君は、このループから抜け出すためにどうしたらいいかな？」

真剣に出してくれた悩みには、子どもたちは喜んで向き合います。たくさんの意見が出てきたことは言うまでもないでしょう。

それからB君のためにみんなも手助けしてくれたので、どんどん状況は変わっていきました。一年生の終わりには、もうすっかりみんなの人気者。彼の一歩の勇気をみんながちゃんと受け止めてくれた瞬間があったからこその出来事でした。

必要感をもって話し合うこと、そういう時間がクラスにあることが、良質なクラスをつくる文化になります。そういうクラスでプロジェクト活動は力を発揮します。**必要感をもたせるのではありません、必要感は子どもの中にあるのです**。

本音の対話、あなたのクラスには溢れていますか？

06

複雑さの中を一緒に生きるために

振り返りの土台となる問い

システムを見ながら、振り返る毎日に生きているか

そのためのクラスづくり

・線引きせず、境界線をぼかしてみよう
・子どもと一緒にシステムの見方を学ぼう
・振り返りのシステムをクラスの中に置こう

最後は、**システムを見ながら、振り返る毎日に生きているか**を見ていきます。これは、先生と子ども、両者にとって大事な視点となります。

プロジェクト活動がクラスに受け入れられない先生の特徴として、「白黒はっきりさせないと気が済まない」があります。

「ここでしっかり線引きしておかないと、子どもたちが何をするかわからない」

「私の指導を入れるのは、子どもたちが次の三つのことをした時だけです」

ボクもこのような言葉を、かつては使ったことがあります。その時のボクの思考は、「どうすることが正解なのか」「ボクがブレると子どもたちはブレてしまう」といった、偏ったものだったことを思い出します。不安や恐れから、相手を抜きにして自分がどう線を引くかに終始してしまっているのです。

境界線をぼかしニーズに応じる

プロジェクト活動はいわば物事の複雑さを認め、境界線をぼかすことで、さまざまな子どもたちのニーズに応じようとする活動です。

実行委員をプロジェクトの中にうまく組み込むことができれば、実行委員の活動時間が休み時間だけになることはありません。今まで係活動の時間として使ってきた時間も使えるようになります。実行委員とプロジェクト活動の境界線をぼかしていくことで、どの子のニーズにも応えることができます。

あなたがもし、「係活動は、この時間のみにやる」「休み時間は外で遊ぶ」など白黒つけたい先生であればあるほど、プロジェクト活動は実現しにくいでしょう。

あなたがブレても、子どもたちはブレずにまっすぐ立つこともあるし、正解なんて無限にあるのが世の中の常なのです。ボクはプロジェクト活動をしながら、「あぁ、それが子どもたちの選んだ選択なんだなぁ」と妙に納得してしまうことがたくさんありました。ブレブレの自分であっても線引きしていた境界線は、子どもたちが消してくれたのです。

複雑さを見る目はどう育むか

これらの複雑さを見る目というのは、子どもたちには教えていけるものなのでしょうか。そんな取り組みをヒミツキチ森学園でも授業として取り入れた時期がありました。「学習する学校」にも詳しいシステム思考教育家の福谷彰鴻さんに来校してもらいました。

実際にシステムのようにつながっているものを「つながりの輪」（P164参照）として表現することで、身の回りにあるシステムを学びます。

ループ図で見るとそのつながりがよくわかります。

ある子に対してやっているよかれと思った行動が、実は自分たちが知らないところで、マイナスに働いていることがわかるなんてことも最近ありました。一生懸命、低学年のお世話をしていた子どもたち。自分たちのいないところでは、その子が孤立する姿があったんですね。つながりの輪を描いてみると、自分たちの行動が、その子が周りの子と触れ合う機会を減らしてしまっていることに気づきました。子どもたちはそこから同年代の子も巻き込みながら遊ぶなど、少しずつ対応を変えていくことを選びました。

「私のものの見方」だけだった視点に「誰かのものの見方」が入ってきます。そうやって周りの事象を教室の中で扱います。**それは何によってもたらされているか**という視点も、まなざしを育むのに有効です。

振り返りが日常の中にあるか

自分の行動や考え方について深く振り返る機会が、教室の中にちゃんとあるでしょうか。一人ひとりが自らの学びについて、振り返っているでしょうか。書いているかではなく、ものを見ているメガネが更新され、次の行動につながっているでしょうか。

振り返る機会はとるけど、子どもたちが振り返りをせず感想だけでとどまっている教室にはたくさん出会ってきました。先生自身が振り返りとは何かを理解しようと努力しているでしょうか。そして先生自身が毎日の振り返りをちゃんと実践しているでしょうか。

最近、子どもたちも自分も振り返りを続ける中で、振り返りには二つの視点があることがわかってきました。**それが定点観測と部分観測です**。

定点観測は、いつも決まった方法をとることで、長期的に変化が見られるようになる振り返りです。これは蓄積していくことで、自分の視点が変化することが特徴です。長期で蓄積していくことを考えると、デジタルの強みが発揮される部分でもあります。

うちの学園でも、インプレス教育ＩＣＴ書籍編集チーム著『明日からの教室のつくりか

た　スクールタクトで始めるＩＣＴ活用』で紹介されている「スクールタクト」というツールを用いて、プロジェクト学習の学びで毎週振り返りを重ねています（Ｐ223ブログ記事⑤）。

もう一つの視点が部分観測です。これは、大きなイベントや、心が揺さぶれるような出来事の後に振り返ることが多いです。視点は決まっていないため、その場でこちらも見とって、最適な問いを投げかけます。ボク自身も、心がモヤモヤする日は、この部分観測用の振り返りを用います。部分観測では、自分の見方や相手の見方との差異を見つめることで深まっていくため、アナログの手帳やノートなどが適しています。**何を考えてほしいかによって視点を変えて、最適なものを選んでいく。子どもたち自身が振り返りやすいものを選んでいく**…、振り返りはそのような心づもりでいてください。

プロジェクト活動の振り返りも、計画だけじゃなくて、チームの状態についても振り返っていることが重要になります。できたかできなかったかだけではない振り返りです。自分たちの「今」となりたい姿とのギャップに目を向け、次の一手を考えることが重要です。

改めて聞きます。あなたのクラスに振り返りはありますか。それはどれだけ機能しているでしょうか。

Column 04

長年続けてきた学級経営の核

コラム01ではプロジェクト活動の誕生秘話を書いた。その際に学級経営に力を入れてきたことを書いた。西村佳哲著『なんのための仕事?』の中に、辻調理専門学校で豊かに学んだ子の話が出てくる。最終的に自分のお店が出せるような教育を受けている生徒について、「その子は料理を『つくる』ことだけではなく、それを仕事として成り立たせる周辺の事々を含んだ、より全体性のある教育を受けているように思えた」とある。お店を成り立たせるための教育の幅広さがもつ意味は大きい。

学級経営はまさしくこれなんだと思う。「**授業を成り立たせるための先生としての全体性**」が学級経営なんだと。授業か学級経営か、どちらが先かではないのだ。西村さんの本を読みながらしっくりきている自分がいた。

では、「先生としての全体性」に惹かれた自分が核にしてきたことは何だろう。それを4章では書いてきた。弱みではなく強み、1対1の関係性から広がるクラスづくりなどがそれにあたるだろう。

プロジェクト活動を進める際に、大事にしたいことをもう一つ挙げるならば、「**どこの舵を握るか**」だ。子どもたちに任せているだけではなく、先生が進めるでもない両方間にある勘所、そこを感じられるのが先生の力量だと思う。

この勘所をつかむためには、子どもたちの**すぐ近くを並走していること**だ。子どもたちが、ここがわからないと活動が止まっている時に、自分たちの力で乗り切れるのが一番。ただそのつまずきや滞っている感じは、先生である自分も感じられる距離にいたい。その距離にいるために子どもたちの振り返りにはくまなく目を通すし、どんな活動で何をゴールとしているのかを把握しておく。完全に任せていてわからないではなくて、すぐ側を並走する感覚だ。この感覚をずっともちながらやってきた。

もう一つは、**「ジャッジをせず子どもに聞く」**ということだ。ボクもよく自分でジャッジし、それを子どもたちに押し付ける癖があった。でもそれだけが正解じゃないと考えた時に、子どもたちに質問ができるようになった。子どもが考えていること、興味・関心があることに、ちゃんと関心を置けるようになってきたのだ。自分の考えと子どもの考えに違いがあるのであれば（それは往々にしてある！）、ちゃんと子どもの声を聞いてからの方がいい。「あぁ、聞いてからでよかった！」と思ったことが、何度あったことか。

すぐ近くを並走し、子どもに聞くこと。そうやってどこの舵を握るかをじっくりと考えること。そうすることで、子どもたちとの営みを成り立たせる全体性のようなものが養われた。学級経営に力を入れてきたからこそ、養われた自分の大事な武器だろう。

第5章

進化し続けるプロジェクト活動

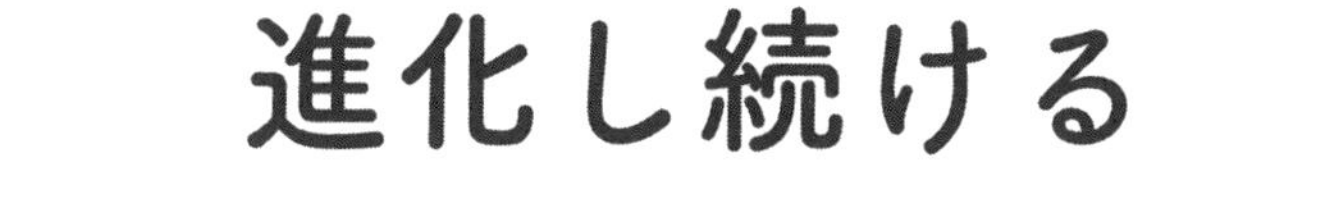

01

プロジェクト活動をやっている先生にインタビュー①

横浜市公立小学校　今村俊輔先生

ここでは、ボクが以前教員として働いていた自治体でプロジェクト活動を実践している二人の先生にインタビューさせていただきました。二つの例から、やり方の違いや、彼らが感じているプロジェクト活動のよさや課題を聞きながら、自分が行うイメージを膨らませてもらえたら嬉しいです。一人目はイマシュン先生です。

イマシュン先生の遊びが核になるプロジェクト活動

―プロジェクト活動を実践されていることで、どんな取り決めがあるのか、ざっくり教えてください！

取り決めは三つしかなくて、まず二人以上で立ち上げること。達成条件をはっきりさせること、期間を設けることです。

活動の条件は、毎日やらなきゃいけないよとか、週に何回やらなきゃいけないとかは、決めていません。係の時間としてプロジェクトの時間もとっていた時期があったんですけど、自由にやりたかったら自由な時間を使ってやっていいよという話をしています。今はみんな休み時間にやってることが多く、活動時間自体を子どもたちに任せています。

ただ、子どもたちの意欲が継続していくように、お知らせの時間は決めています。「クイズつくりました」「タイピングプロジェクトのアンケートお願いします」「小説書いたので読んでください」。発表の場は、「ロイロノート」を利用して給食の時間にやるというのは決まっています。

―実際にプロジェクト活動をしていて感じるよさはどんなことでしょうか？

以前ボクがやっていた係活動には、当番的な活動と創造的な活動があったんですけど、前期後期で強制的に分けていて、活動期間が決まっていました。あとは「お楽しみ係」などがあって、何をするのかよくわかんない…活動が不明瞭な係があったんですね。

プロジェクト活動になると、例えばお化け屋敷プロジェクトとか、ミュージックプロジェクトとか、「ライブをするためにこのプロジェクトをやる」っていう**明確な目標が生まれるんです。**係でやったとしても活動期間が学期で決まってしまっているから、一つ終わって「また新しいこと考えなきゃいけない」と、期間に合わせる現象が起こっちゃう。それは結構違うような気がしてて…やっぱり**子どもたちのやりたいことって日々変わっていく、興味関心も日々変わっていく、飽きちゃうことも絶対ある**と思うんですよね。

飽きちゃうのは自然なことだから、「じゃあもうプロジェクトやめようよ」とか、自分たちがやりたいってことが終わってまたそれがやりたいんだったら「ミュージックプロジェクト2を立ち上げたらいいんじゃないの？」と話をしています。

達成条件と終了期限が入っているだけで、「結構、活動自体が変わるな」というのは手応えとして感じています。

―他によさとして感じることとありますか？

「遊び」の視点で考えると小学校でも遊びの時間が激減していることを実感していて、時間割にすごく縛られるんですよ。先生たちに、

「もっと休み時間を長くした方がいい」

「休み時間で子どもが自由に使える時間があるといろんないい影響がありますよ」

みたいな話をするんですけど、あまり重要視されない。「減らせるんだったら減らしちゃおう」みたいになってしまっている。

子どもたちって遊ぶ中で、いろいろ学ぶものや感じられるものがあると思うんです。ボクの入っている研究会では「主体性」「創造性」「自己発展的」「社会的承認」の四つを大事にしているのですが、プロジェクト活動にもそのまま適用できると思っています。

プロジェクト活動は、遊びの中のこれらの要素がたくさん含まれていると思うんですよ。子どもたちはいい意味で遊んでる感じがあって、多くのものがそこから生まれています。

―わかります。遊びと学びの境界線がなくなっている感じ。子どもたちの行動や表情からもそれがよくわかるんです。プロジェクトに入っていない子もいるんですか？

実際にはいます。必ずしもプロジェクトに入らないといけないとは思っていません。休み時間が主な活動なので。その分、プロジェクトには入ってなくても当番的な活動には必ず入ってもらっている形です。

―当番はプロジェクトっていう名前ではないのですか？

当番はですね、班の中で手分けしてやるみたいなシステムをとっています。プロジェクト活動とは違って、2週間経ったら、それを入れ替える形にしてるんです。

―クラス内通貨の話もインタビュー前にしてくれていました。その辺りとのつながりも教えてください。

よく「ご褒美あげるのはよくないんじゃないか」という話があるじゃないですか。外発的でも内発的でも、ボクは続けられればどちらでもいいかなと思ってて…ご褒美だけで動いてる子はいないし、途中からやりたくてやってるって子もいるし、やりたくてやってる子もご褒美ほしいだろうし、どんな形でもいいかなと思っています。

クラス内通貨は、例えば「アンケート発表してくれた」「みんなにクイズ出してくれた」「動画をつくってくれた」とかの時に配ります。そういう時に面白かったから3億ねとか2億ねみたいな感じで。だいたい1~3億の間におさまるようにしているんですけど、お化け屋敷とか大きなイベントがあった時は10億払います。ご褒美じゃないけど集めるの楽しいなとか、もらって嬉しいなみたいな形で使っています。年度末に残ったものは、思い出の写真オークションに使います。例えば4月の最初の集合写真とかは60億とか（笑）あとは給食のおかわりの時に、

「揚げパン残ったねって言って、2個しかないよって話して、じゃあ5億円からどうぞ！」みたいなこと言うと、それで買う人が来て5億円で買って食べるような子がいるんですよ。これらの通貨での活動が、プロジェクトを活性化させます。

幸せだな、今いいなって感じられる

―プロジェクトのよさって他にもありますか？

この前、ミュージックプロジェクトのライブがあったんです。60分ぐらいのライブだったのですが。前に立っていた子たちは、以前は前に立てる子でもなかった。ソロで歌ってる子もいて、すごいなぁと思いました。

なんでここまでできるのか、普段だったら恥ずかしいとか人前で発表するなんて…と思う子たちがこうやって歌って、みんなもライブを楽しむ…後ろの観客たちも最初ちょっとタオルを回しただけだったけど、途中からなんかテンション上がりだしちゃって、ヲタ芸始まったりとか、ここにいる観客の人たちのリクエストソングで歌が始まったりとか…なんかほんと心から楽しんでいて。アイドルそのものだなって思ったんです。

やっぱり先ほど挙げた4本柱、これでやりたいことができること。**そのアイデアが生かされている。みんなから承認が得られる、拍手が贈られるような時に、人間って生きる喜びを感じられる、幸せだなって、「今いいな」って感じられる。**

だからプロジェクトにこの四つの要素がしっかりと含まれていることは、ボクは大事だと思っています。

―掛け持ちは、特にはしていないですか？

ボクも以前は掛け持ち自由でやっていたんですけど、やっぱり「今こっちでこんなことしてるのに、あの子来てないよ」ということも起こるんで、一個に集中してもいいかなと今年は思っています。もし他のとこでやりたかったら、一回抜けさせてもらって、「今の時期だけこっちのプロジェクトでやります。終わったら戻ってきます」

そんなふうに、チームのみんなにしゃべったらいいねとなっています。

時間がない中で活動するとエネルギーが分散しちゃうし、今一番自分がやりたいってプロジェクトにいるべきなんだなと思うので。

―プロジェクト活動の課題を感じている点はありますか？

一年間で見た時に、もしかしたら何人か取りこぼしてしまって、一回もプロジェクトに参加せずに終わっちゃう…。そんな子も今後出てしまうかもしれないことです。

例えばカレンダーをポスターの下に貼って、活動をしたらシールを貼るなど、推進できることで得られる学びもあるのだろうと思います。

ただ、そうやって構成的になったものと、子どものアイデアベースになったところと、両方が大切だと思うんです。子どもたちのアイデアはすごく発想豊かで、それをみんなで認めていく学校文化が育んでいけるといいですよね。

先生たちの個性が生きるような学級経営がいいなと。プロジェクト活動って学級の独自性が発揮されるじゃないですか。子どもたちが主体だから、「そろえましょう」でできなくなっちゃうのは残念です。うちの学校はそれぞれの強みとか、個性とか、先生たちがやりたいっていうようなことを、「いいね！　よしどんどんやれ！」みたいな文化があるんですよね。そういう文化がない学校だとプロジェクト活動はやりにくいかもしれません。

属人性の先にあるもの

イマシュン先生は、特別活動という認識で授業時間内には活動をしていないものの、休み時間の遊びと上手に組み合わせながら活動を行っています。また、ＧＩＧＡのツールであるロイロノートを上手に活用して、情報共有していること、それが子どもたちの意欲づけにつながっています。

さらには、クラス内通貨の実践も、プロジェクトとの相性がよく、子どもたちの活動の幅を広げていくために、つなげていくのがとても上手な先生だと思いました。そこでは子どもたちとの活動のチューニングが必要になると思います。この辺りの感性が鋭く、子どもたちが意欲的になるために、柔軟に対応できる力ももち合わせているのだと思いました。

そして大事なポイントなのですが、属人性についても挙げてくれていました。属人性、つまり、**誰でもできるけど、その先生だからこそ際立つことの価値**が、これから教育現場では高まってくるはずです。プロジェクト活動でその属人性が生きて子どもたちの活躍につながっている姿が、眩しかったです。

02

プロジェクト活動をやっている先生にインタビュー②

横浜市公立小学校　橋本卓也先生

タクヤ先生のめあてを大切にしたプロジェクト活動

タクヤ先生は、学級経営に特別活動を柱として据えている先生です。そんな先生が、どうしてプロジェクト活動を始めたのでしょうか。タクヤ先生へのインタビューからは、プロジェクト活動の違う側面を見ることができます。

―プロジェクト活動を始めようと思ったのは？

自分がまずプロジェクトを始めようと思ったのは、やっぱり係活動のマンネリ化が大きいです。本当にこの活動を楽しんでやってくれてるのかなぁ、なんかやらされてんじゃないかなみたいなことから、係活動をもっと面白くできないかなぁと思っていました。

子どもたちが学年のはじめに「先生、今年の学年目標や係活動はつくらないの？」と言ってくれるのを基本的には待っているんですよ。そうなってから、学級開きではみんなで一年間の計画をしていきます。今年一年間の流れを見て、「このクラスだけのオリジナルの活動もつくっていこう」と始めています。学年の行事なども含めて眺めてみると、「何もなくて暇そうなとこどっかにない？　そこにクラスのイベント入れようよ！」と投げかけてみる。「7月の楽しみ会」や「お誕生日会」を企画するんですね。それで、「前期の誕生日会って誰がどう担当するの？」みたいな困り感が生まれてきます。そこではじめて、分担して進めていくプロジェクトの必要性が生まれてきます。

「今年は四年生になったから1個レベルを上げます。進化した係活動として新しいプロジェクト活動というのをみんなに教えるよ」

そう言って始めています。

――プロジェクトはどんなふうに始まるのですか？

①クラスのためになることを最初に見つける
②同じ意見や考えを持つ仲間を三人以上集める
③メンバー全員で先生に僕たちこんなプロジェクトやりたいという宣言をする
④先生も太鼓判を押す
⑤プロジェクトが結成されて始まる

この一連の流れをつくっています。

その中で**めあてを書くことをすごく大事にしています**。「このプロジェクトがどんなことが達成できたらいいのかを他の人にもわかりやすく書くんだよ」と伝えているんです。例えば「頑張る」とか「楽しい」じゃなくて、数字を使うとかその終わりの期限を明記しようなど、めあてに加えることも指導しています。

子どもたちは最初、そのめあてをつくるのに苦戦をしていたんですが、やりたいことを明確にするためにめあてづくりを頑張ってくれています。

―活動日は決めていますか？

木曜日のランチタイムはプロジェクトメンバーで食べています。プロジェクトは必ず入るという決まりはないのですが、不思議と入り続けない子はいないんです。毎週木曜日のランチの時間に、無所属組が集まることになってしまうのも、それに一役買っているのかもしれません。無所属組でプロジェクトを立ち上げるなんてこともその場で起こります。

―プロジェクトの期間は子どもたちが決めていると思うのですが、長いものでどれぐらい続きますか？

長い期間やるプロジェクトは割と少ないんです。期間として数か月とかにならないようにしたいなぁと思っています。短い時間で生まれるエネルギーを大切にしています。

―掛け持ちはどうですか？

掛け持ちも自由です。プロジェクトランチの時に掛け持ちしてる子は、

「今日○○さんどっちで食べるの？」

となるじゃないですか。そうすると、

「最近ずっとそっちだろ！こっちやる気ねえだろうな」

となったりするんです。面白いなと思いながらボクは見てますね。そのやり取りがコソコソするわけではなく、お互いにオープンに喧嘩っぽくなっている姿があって…、それはそれで大事な学びだと思っています。

自由にできる余白の設計

―六年生が係活動を楽しむためにはどうすればいいんだろう、ボクのプロジェクト活動はそこがスタートです。子どもたちは、休み時間とかも使って活動しているのですか？

最近「子どもの権利条約」について学んでいるんですが、ボクら先生が子どもの時間を奪い過ぎてしまっているかもと感じてます。縦割り活動・係活動・当番活動などで、子ど

もの余暇の時間を使ってしまっている…。学びのサイクルを回していきたいんだったら、それこそ本来、学習の時間でしっかりやるべき。休み時間や空き時間を搾取してはいけないんじゃないかと。

長年特別活動を学んできて、ボクもどこか「つくり込めばいい」みたいに感じていたところがあったんです。活動は全部パーティーだし、話し合いは全部パーティーの工夫だし、パーティーの話し合いする前に、休み時間に喧嘩してる子とかいて大丈夫なのかと。**「打ち上げ花火より線香花火」って言葉をいつも使ってるんですけど、日々の小さなことを大事にしていきたい。**本来休むことも彼らにとって大事な権利なのに「時間あるでしょ、仕事しようぜ」は、まさに教員の働き方改革と実情として似ているなと…。

自分はなるべくそうでない、代わりにその余暇の時間を使うにしても、**自ら望んで使いたくなるような仕組みにしてあげたいな。**プロジェクト活動は遊びのようにできるんですが、できる分、そうやって休み時間を使っていいのかという葛藤があります。

―なるほど。難しいところですよね。ちなみにタクヤさんが感じるプロジェクト活動の利点ってなんですか？

子どもが自由にできる余白が多く設計されていることとですかね。係活動の悩みって、新しい学期になると、「じゃあ係活動を新しくしようか！」「やったー」みたいなことが起こる。**停滞したら誰かが変えてくれる、リセットしてくれることを待っている**。でもプロジェクト活動では、それが起こらない。活動の自由度がすごく増すと思うんですよね。

ある時、放送委員会になれなかった子がいたんですよ。

「マイクでしゃべりたかったな。私の声を全校に聞かせたかった。放送委員会にじゃんけんでなれなかったから、私はこの委員会に来ました」

正直に話してくれたその子は、前年に私のクラスでプロジェクト活動をしていました。

「あなた、この委員会に来てもマイクを使えるチャンスはあると思うよ」

と話をしたんです。じっと考えたんですよ、その子。そしたら、

「この委員会のお知らせは私が担当すればいいんだ。この委員会のお知らせをする時は昼休みで放送して、私がマイクでしゃべればいい。私に全部回してください」

結果的に、放送委員会は週に一回しかマイクの前で話せなかったのに、その子はうちの委員会に来たことによって、週に二回でも三回でも権限を使ってマイクでしゃべることができるようになった。**多分それは何も間違ったことじゃないし、活路を見いだす力がある**

だけ。そういった力はプロジェクト活動をする中でついていった力なんです。

また、係活動だと、あまりコラボするイメージがない。でも、プロジェクト活動だったら、**コラボし放題だし、何ならくっついて、合体しちゃうなんてのもあり**。その辺の自由度の高さが、みんなを救っているんだなぁと思うのです。

―課題に感じてることや難しさはありますか？

私にとっては経験が積み重なるものだけど、子どもにとってはうちのクラスじゃないとできないものと思い込んでしまっている。そういう意味では、せっかく身に付けた力が生かされにくい環境を生み出してしまっていて、それをまだ変えられていないところ。

また、**めあての立て方など、細かなことを一から教える気持ちや信念が、先生側にあるかというところが課題**です。

―委員会もプロジェクト活動のようにしているという話を伺いました。

委員会活動だから、必ず学校に貢献する常時的な活動が必要だと思うけど、今年ならではこのメンバーだからこそできるイベント的な活動があった方が楽しいと思います。

1回の委員会の活動時間、45分間の設計も、ずっと話し合う必要はありません。全体で共有すべきことをパッと話して、プロジェクトごとに分かれて活動。最後全体に戻ってくる形でやっています。「把握が難しい」と感じる先生も多いと思うんですが、今はロイロノートでもGoogleクラスルームでも、やり取りを記録していくことができる。

タクヤ先生の例では、係活動に近い形でプロジェクト活動を進めています。**短いサイクルで回すことや、委員会など既存の学校に存在しているものに応用しようとしていること**など、いろんな形が見られるのが特徴的です。

イマシュン先生と同じように属人性について挙げられていました。プロジェクト活動が自分のクラスだけでは、意味がないと。ボクも同じ気持ちです。学年で、学校で取り組むことで、子どもたちの自由度は、さらに増していくのではないでしょうか。

コラボなども含めて、**自由にできる余白が設計されていること**、まさにプロジェクト活動の利点をついた活動をしていくと、さらなる広がりを見せていきそうですね。

03

マイプロジェクトから クラスプロジェクトへ

ヒミツキチ森学園でのプロジェクト

　ここからは、ヒミツキチ森学園でプロジェクト活動がどう進化していったかを紹介させてください。その前にちょっとだけヒミツキチ森学園のことについても。

　ヒミツキチ森学園は２０２０年４月に開校したオルタナティブスクールです。「自分のどまんなかに生きる」がコンセプトの学園です。イエナプランとデンマークの教育と日本の学校の学習指導要領をミックスしたカリキュラムを実践する小学生が通う学園です。

　午前中はブロックアワーという自立学習を、午後はプロジェクトアワーという探究学習を中心に行っています。ボクは公立小学校で15年勤めましたが、このオルタナティブスクールに来て、さらに授業をより深く学んでいます。公立の学校の経験を活かし、ヒミツキチでもプロジェクトを続けているのです。

さて、2023年現在、ヒミツキチのプロジェクトアワーは三つあります。

・ラーニングプロジェクト
・イベントプロジェクト
・クラスプロジェクト

それぞれ簡単に説明します。

ラーニングプロジェクトについては、PBLの探究学習になります。3か月に1回テーマを決めて学んでいくプロジェクト学習です。探究の中心はラーニングプロジェクトです。

イベントプロジェクトは行事をつくることになります。「海の運動会」では、種目からチーム編成・予算まで子どもたちがつくります。子どもたちが自分たちで創ることで、自分たちが学園をつくり、イベント運営にも本気になって取り組んでいます。

そして海クラス（四〜六年生）と森クラス（一〜三年生）に分かれたクラスで行うのが、クラスプロジェクトです。クラスとついていますが、より自由に発想して、プロジェクトをつくっていくのがこのクラスプロジェクトです。

小学校でのプロジェクト活動を引き継いでいるのは、イベントプロジェクトとクラスプロジェクトです。特にクラスプロジェクトでは、子どもたちの「やりたい」からスタートする、最も似ているプロジェクトです。クラスプロジェクトを見ていく前に、この「自分たちのやりたいことを表現する」プロジェクトアワーがどのような経緯でクラスプロジェクトに落ち着いたかを話させてください。

ヒミツキチでのクラスプロジェクトができるまで

まずは一年目。マイプロジェクトの実践が始まりました。「自分たちのやりたいことを自分でつくる」一人ひとりのどまんなかに迫る学習です。ボクらは自分たちのやりたいことをやれる時間なんて幸せだ、ヒミツキチ森学園の学習の中心になると思っていました。

ただ、実際にやってみると大きな課題に直面しました。驚くことに、「何をやってもいい」と言われると、「何をやったらいいかわからない」のです。**子どもたちは自分のやり**

たいの範囲がさまざまなことがわかりました。今の自分に確実にできることをやっていたいという気持ちもよくわかりますが、想像の範囲を超えるチャレンジは簡単じゃないなぁと感じました。やりたいことを表現できる子であっても、ほとんどが休み時間と変わらない状態…振り返った時、ここは変えていきたいと思いました。

一年目の途中から、「アワープロジェクト」を入れてみました。「私の」から「私たちの」プロジェクトに変換してみたのです。すると、少しずつ友達の活動に影響されて、活性化していくのがわかりました。さらには「チームプロジェクト」にも挑戦しました。「チーム」になることで、やることを決める前にチームを組んでみる楽しさを味わうことができました。「あの人と一緒ならあんなことできそう」という想いは、また子どもたちのインスピレーションを高めてくれました。プロジェクト活動もいろんな人と組むことに価値があります。人が集まった時に、想いのすれ違いはあるけれど、そのすり合わせやぶつかり合いは、新たな価値の創造につながっていきます。

三年目からは、期間限定でマイプロジェクトを入れていくことになりました。

夏休みの宿題をヒミツキチ森学園では、夏ミッション（なつみちゃん）と呼んでいるのですが、なつみちゃんではマイプロジェクトがあります。自分だけのプロジェクトがどう発展していき、どう進化するか、夏ならではだったり、家庭の協力があったり、素晴らしいチャレンジが生まれています。また、それ以外でも、一か月限定のマイプロジェクトなどをしていくことで、子どもたちの発想や興味・関心が刺激を受けるのがわかりました。

この辺りの発想はクラスプロジェクトにつながっています。クラスプロジェクトも全体のバランスを取りつつ、取り組む形をとっています。期間限定という概念、自分のやりたいから始まり、チームを組むという発想など、今のクラスプロジェクトにも十分受け継がれているといえるでしょう。

04

やりたいことを自分でプレゼン！予算を獲得して「つくる」

4年目のクラスプロジェクトは時期を、4月〜6月と、1月〜3月に限定して行っています。ヒミツキチ森学園にはヒミツキチマネーというものがあります。毎月自分たちで使える予算のようなもの。一人500円の予算が全員につくので、1か月あたり10000円ほど、自分たちで使い道を決められるお金があります。

この予算は、プロジェクトアワーで自分たちがお金をかけたいものに、使われます。「バースデイ催し」という3か月ごとの誕生日会では、名物「お楽しみ」というコーナーがあり、みんなで誕生日の子の気持ちを優先してやりたいことを決めます。ケーキをつくったり、スイカ割りをしたり、子どもたちが何をしたいのかを話し合って決めます。その際の予算はヒミツキチマネーから出されます。この他に、**自分たちでお金の使い道を自**

由に決められる活動もあるのです。それがクラスプロジェクトです。しかし、ただでは予算がつきません。プレゼンをする必要があります。

グループリーダーや大人メンバーに自分たちの想いを伝えて、プレゼンをします。そのプレゼンを受けて、使える額などは調整します。**自分たちの想いと共に、学園にどんな形で貢献するか、そのために自分たちは何をするか、学園がよいこと、生み出したいことがあれば、それを必死にプレゼンしていくのです**。ボク自身プレゼンを受けながら、それぞれの想いを具現化していくプロセスに感心するばかりです。

ある子は、自分が大好きな「ナーフ」というスポンジ銃を使って山でサバイバルゲームをしたいと提案してきました。ナーフがいかに運動になるか、頭も使うか、戦略も考えることができるかなど、熱弁してくれました。プレゼンには熱がこもっていて、しかも彼が手持ちのナーフを貸すことでみんなが使える数もクリアできました。学園にお願いされたのは、「補充用のナーフの玉３００発」のみ。もちろん、快くＯＫを出しました。

彼は一人でこの企画を考え、実行したのですが、

「自分が心からやりたいことをプレゼンするのが、本当に楽しかったし、やる気が出た！」

と振り返った時に話してくれました。

その後、登山客が来た場合の対応や、水分補給などの安全面の確認、みんなが楽しめるルールの確認など、彼とたくさんの時間話して、当日を迎えました。

当日も登山後、2時間のナーフをたっぷりと楽しみました。誇らしげにルールを語り、みんなから感謝される彼の笑顔も、輝いていました。

ちなみにナーフ自体は、以前真冬の雪がちらつく山で実施したのですが、汗びっしょりになるほどの運動量です。それに加えて、戦略面で頭の使い方も鍛えられます。非常に面白い運動だと思い、しっぽ取りゲームなどでも同様のルールを採用するほどです。

また、毎週月曜日は学園メンバーである野瀬（みっちゃん）が、全員分のランチを手づくりで振る舞っています。それを見ていた子どもたちが、自分たちもつくってみんなに振る舞いたい！という想いから、「全員分のランチをつくる」プロジェクトをスタート。

みっちゃんのアドバイスを生かしたプレゼンでは、アレルギーの子に関する配慮もバッチリ。自分で取る量を決められるから「３色丼」にするなど、工夫が凝らされていました。

つくる前日、みんなで買い出しをして練習することになりました。

「卵が失敗しちゃったから、混ぜ方を確認する」

「味付けはちょっと変えてみたほうがいいな」

など、練習したことからしっかりと振り返っていました。「失敗したらみんなの昼ごはんがない」は本当に冷や冷やします。でも子どもたち自身が楽しんで進めているのが伝わってきました。

当日はもちろん大成功。みんなの「おいし～！」の合唱に、嬉しくなる子どもたちの姿がありました。

「全員分って大変じゃない？」

と聞くと、

「たくさんつくるから楽しいんだよ。もっと増えても大丈夫」

と心強い返事がありました。

他のプロジェクトとの兼ね合いもあり、いつも子どもたちの「やりたい」を具現化し切れているわけではありません。仕組みやプロセスの改善が必要だと感じています。

みんなに感謝されるクラスプロジェクトの活動は、新しい側面に入っています。今後は、森クラス（一〜三年生）も巻き込んでいくのが目標です。

子どもたちはクリエイター気質のある子だけではありません。人の想いを実現していくマネージャー気質の子もいるのです。クリエイターが小学生の中でも注目されたり、人気があったりしますが、そうではなく子どもたち一人ひとりにもさまざまな役割があります。こういったものを整理しながら、自分たちの取り組みをさらに進化させていくことができるのではないでしょうか。

ヒミツキチでの取り組みは、プレゼンをして活動資金を得るところが、公立小でのプロジェクト活動から発展させたところです。できることの幅が広がり、より多くの「ありがとう」を生み出しています。

Column 05

プロジェクトを共につくる

こちらが子どもたちに準備したものを手渡すのか、一緒につくるのかでは大きな違いがある。ここでは「共につくる」ことについて考えたい。

ヒミツキチ森学園ではラーニングプロジェクトというPBLの学習があるのは、前述の通りだ。この時の探究テーマや活動は、こちらで決めるでも、子どもたちと決めるでもない「その間」で決まっていく。ボクはこの感覚がすごく好きだ。

ある年は子どもたちの見た映画から、ある年は熱心に学園まで足を運んでくれた「日本釣り協会」の方の提案で、決まっていく。子どもたちの「今」を感じ取りながら、メンバーでも考える。考えて考えてポンっと出てきたものを子どもたちに投げてみる。

「こんなふうに考えているんだけど、どうかなぁ」

するとそこで反応が返ってくる。いいんじゃない、やってみようよという時もあれば、今こんなのにも興味があるんだよね。そんな反応が返ってくることもある。それでまたメンバーで考える、そのプロセスの中で、一人二人の子に聞いてみることもある。

そうやって、**子どもと大人の間を行ったり来たりしながら、なんとなく探究テーマやゴールビジョンが決まっていく**。この「なんとなく」がすごく意味があることだと、ボク自身は確信している。

子どもと大人の間を行ったり来たりすることで、そこにはなんらかの反応が得られる。それがちょっとだったり、大きくだったりは、その時に一緒にいるメンバーによることが大きい。より多くの人の中をくぐると、納得感も上がっていく。だから、全員で集まって突き合わせての場は、これらが十分に起こってから、最後にといつも考えている。

こうやっていろいろな人の間を行ったり来たりするプロジェクトこそ、いいプロジェクトなんだろう。**ボクらが「つくる」時には、この行ったり来たりを軸に据えている。**

第5章ではクラスプロジェクトのことについて書いたけど、ヒミツキチ森学園では、イベントを子どもたちと共につくる。海の運動会では、競技やチーム、勝敗の決め方などまで、子どもたちが考えて実施する。

「あれこれ考えなくちゃいけなくて大変だ」

でも大変そうな彼らの顔を見ていると、そこに漂っているのは清々しさだ。

今まで**つくってもらっていた、大人が決めていたものをはじめて自分たちでつくる時に見せる顔は、なんか誇らしげな表情をしている。**それは、自炊するようになった人が、今まで受け取っていたもの、お金を払っていたものを、自分でつくり上げた誇らしさに近い。

この「自分でつくる」ことは子どもたちの経験値を上げていく。それも自分一人でできないことだからこそ、急激に上がっていくのだとも思う。今の学校は、「一人でできる簡単なこと」をみんなで、やらせてはいないだろうか。一人でできることは一人でやり、みんなとじゃないとできないことにも挑んでいく場所が学校だ。「共につくる」ことの先にそんな景色を見たいと思う。

さて、ここまでプロジェクト活動について、お伝えしてきました。

巻末では、プロジェクト活動を始めるにあたって、こんな悩みが出てきそう、こんな時どうするのというQ＆Aをまとめてみました。「本当に始めていいの？」「管理職や親に何か言われない？」ということが気になる方もいると思います。ボクは教員時代、しっかりと説明して子どもたちの結果が出るまでやるだけだ！と意気込んでいたものですが、そうできない人も少なからずいるでしょう。

みなさんが思いうかべる悩みにお答えすることで、少しでも始めやすくなればと思います。

Q 行事が忙しくてプロジェクト活動が止まってしまいます…

A **止まってもいいと考えています。**

他の活動とのバランスは何よりも大事です。

「運動会までは、運動会のことに集中しよう。運動会関連のプロジェクト（青の逆襲プロジェクト）以外はちょっと抑え気味で活動しよう」

と子どもたちと共有していた年もありました。
ヒミツキチ森学園でもそうです、全体とのバランスを考えて調整していく必要があります。最初は教師がバランスをとりますが、段々と子どもたちだけでもとれるようになってきます。ストップした時期があるからこそ、活動があたたまり、よりよく開花するなんて不思議な現象も起こるのが小学生。この辺りのコントロールは大事にしましょう。

Q 掛け持ちをいろんな子が希望します。中にはちょっと無理かも…と思ってしまう子もいて困っています…

A **あの子はいいけど、この子はダメというふうに、先生が曖昧な基準を用いるのは危険です。**ボクはよく「一時期試してみて、うまく回っているようなら掛け持ちしてみよう」として、まずは掛け持ちしないことを勧めていました。プロジェクト活動のよいところは、活動の掛け持ちによる人数変更など柔軟性があること。活動のやわらかさは子どもたちにも伝わるので安心してください。
その子自身のもっている特性以上に、委員会活動や学校行事とのバランス（実行委員など）を見ながら、話をしていました。その子がどうではなく、忙しさとのバランスを理由に伝えます。掛け持ちを断ることはほとんどなかったですが、バランスの視点は先生が渡してあげた方がいいでしょう。

Q 計画的に活動できません。行き当たりばったりが多い気がします。

A **計画的じゃなくてもいいと思っています。**むしろ計画しないで場の力が発揮されるのはすごいことです。ボクも計画はざっくりと、その場でのエネルギーを大事に活動していました。計画的に進めたい子もいるけど、その場のノリや「今」を大事に活動していくタイプの子もいます。いろいろな子が混ざっているからこそ、時にぶつかりながらも、すごい相乗効果が発揮されることがあります。だからこそ、お互いの声を聴き合い、活動に活かしていくスキルは必要になりますよね。

お互いの強みを活かしながら、子どもたちが納得のいく進め方をしていることが大切です。計画の仕方はミニレッスンで教えますが、全員がこれに則ってやる必要はないことも同時に伝えるのはどうでしょうか。

Q　「このプロジェクトつくっちゃっていいのかな」と悩むプロジェクトがあります。

A　**基本に立ち戻って考えましょう。**

「子どもたちが意気揚々とやりたい！と言ってきたプロジェクト、でもこれはちょっと…プロジェクトにしていいものだろうか？」そんな悩みはきっと生まれてくるでしょう。そんな時は基本に立ち返ってください。

「自分たちのやりたい×クラスに貢献」が守れているなら大丈夫です。

例えば、「Switchプロジェクト」で、ゲームの攻略法をみんなに紹介したいという提案があるとします。一見「やりたい×クラスに貢献」が得られているように思えます。しかし深く考えてみると、ゲームが好きな人や持っている人にしか貢献できていないこと、お家での活動では貢献の範囲がかなり狭いことがわかります。ボクならこのプロジェクトは考え直すように伝えますね。

前述した「ポケモンプロジェクト」はどうでしょうか。この時二年生の子どもたちが、「ポケモンの楽しさを知らない人に知ってもらいたい」「結構勉強になるポケモンの魅力を知ってほしい」と言ってきました。子どもたちなりに学習側に価値を寄せて提案してきてくれました。前述のAさんがメンバーだったこともありますが、今までにないコミュニケーションが生まれそうだったことから、OKを出しました。

プロジェクトの可否について判断していくのは非常に難しいのですが、基本に立ち返りましょう。さらに、迷ったプロジェクトについては、イベントプロジェクトでスタートして短期間試すことをお勧めします。「1か月限定」などとすると、このプロジェクトの効果を子どもたちと一緒に検証できるので、一旦やってみてから判断することができます。

子どもたちと試して考えていく姿勢は大事にしたいものですね。

Q 「先生、うまくいってないからプロジェクト変えたい」という子がいます。

A **何を大切にしたいか、子どもたちに問いましょう。**

「先生プロジェクト辞めたいんだけど…」こういう話はよく聞きます。

プロジェクト活動では掛け持ちの仕組みがあるなど、人の移動は比較的起こりやすくなっています。ただ、基本的にはプロジェクト途中での脱退は認めていませんでした。

掛け持ちとして加わるのはありだけど、途中脱退はなぜ無しにしているのか。それは、**うまくいかないことも含めてプロジェクト活動だから**です。

プロジェクト活動をしていると、盛り上がりに欠けたり、予想と違う課題が出てきてしまったりと、うまくいかないことも起こるでしょう。しかし、それをどうにかうまくいく方向に軌道修正していく力も子どもにとっては必要です。「あの子とうまくいかない」なら、関係性の変化を生み出す必要があるし、「活動が停滞している」なら、コラボなどを組み合わせて、活性化させることを考えていきたいのです。

社会に出ても、物事がうまくいかないことは多々あります。その時、うまくいくまでやるか、損切りするかは大人でも悩むところです。

どうしてもうまくいかないなら、ゴール地点を変更して早めるのはどうでしょうか。「プロジェクトは今月までにして、今月中にいいものが生まれるようにやってみよう」と考えることだってできるのです。

ゴール地点を自分たちで調整できることを考えると、プロジェクトのゴールに焦点をあてることでチームに変化が起きるかもしれません。意外とゴールまで走っている間に、問題点は解決していることも多いです。

Q　自分のクラスだけの活動になってしまいます。他のクラスの先生にどう伝えればいいでしょうか。

A　**「子どもたちのやる気が上がるように、係じゃなくてプロジェクトでやっています」ぐらいから始めてみるのはどうでしょうか。**

4月から「こうやります。一緒にやりませんか？」と話せる間柄が理想ですが、そうではない場合もありますよね。興味をもってくれたら詳しく説明するぐらいにしておきましょう。

子どもたちが他のクラスとコラボを生み出して、

「お、あのクラスのやっていること面白そう！」

そう思ってもらえたらいい傾向。次の学期から「プロジェクトでやってみません？」と誘えるかもしれません。

Q　係活動名を通知表に記入しなければいけません。

A　**子ども、必要に応じて保護者にしっかりと説明しましょう。**

実はボクもそのような学校に勤務していました。「通知表には学校の形式がある。だからプロジェクトじゃなくて係として名前を書くけどいいかな。また複数のプロジェクトに参加していた人には、どのプロジェクト名を書いてほしいのか聞くから教えてね」としていました。形式に合わせるのは大事なこと、でもボクらがやってきたプロジェクト活動には自信をもとうというメッセージを伝えていきます。

丁寧に説明すれば、誤解はないと思います。必要なら学級通信等でお知らせしましょう。

この本に何度も出てくる「ポケモンプロジェクト」を通知表に載せていいのかということに関しては、載せませんでした。そこはさすがにと思ったからです。イベントプロジェクト以外のプロジェクトにも入ってもらう方向で、子どもたちの活躍場所を考えていきました。常時プロジェクトにも掛け持ちで入ってもらったり、前期の間に2、3のプロジェクトをやったりしていくようにすれば、「その中から一つ書くね」ということができます。子どもたちが活躍できる場所を増やすようにアプローチしたり、子どもたちのことを知ってアシストできたりすることが、先生の仕事の醍醐味だと思っています。

「ポケモンプロジェクト」のメンバーも自分たちの活動に自信をもてたからこそ、次のプロジェクトに意欲的になったり、常時プロジェクトにもチャレンジすることができたり、その後の前向きな変化が見られました。

Q　プロジェクト活動がマンネリ化してきて、活動が停滞してしまいます。どうすればいいでしょうか。

A　**この時期がチャンス**だと思っています。

活動を続けていく以上、停滞やマンネリ化は起こります。大事なのは**そこでトーンダウンしないこと、先生が子どもたちの言葉に強く反応しないこと。**

続けていれば、プロジェクト活動に関して否定的なリアクションを示す子がいるものです。そうなったとしても淡々と続けていきましょう。停滞やマンネリ化はもうひと伸びのシグナルです。

この時期に、

・コラボ期間（P77参照）
・プロジェクトを祝うこと（P78参照）

などのイベントと絡ませていくのがいいのではないでしょうか。

おわりに

ボクがプロジェクト活動について書きたいと思ったのは、主に二つの出来事があったからだ。

一つ目は、この本にも出てきた**漫画プロジェクトのこと**。あの年、ボクは手応えのなさに苦しみ、クラスも停滞気味だった。その時期に意味を与えてくれたのが漫画プロジェクトだったと思う。このプロジェクトを通じて、漫画が出来上がっていく過程を、ボク自身が何よりも楽しみワクワクしていた。この本に出てくるTさんにインタビューをしているとき、当時のことが蘇って泣きそうになった。プロジェクトがクラスを救うってこういうことだなぁって。それぐらいの力があるものを多くの先生に届けたいと思ったのだ。

二つ目は、今の**ヒミツキチ森学園の子どもたちとの出会いだ**。

この子たちと一緒にプロジェクト学習をする中で、教員時代にプロジェクト活動で培ったものを、何度も何度も思い出した。プロジェクト活動を続けてきたことが、新しい学びの現場で生きる感覚があった。だからこそ、多くの人に届ける価値があるものだと思えたのだ。プロジェクト活動を続ける上で、困ったらいつも子どもたちに聞いてきた。

「こう思うんだけどどう？」

「こんなことやったら面白そうじゃない？」

「うまくいってないと思うんだけど、手伝えることってある？」

ボクら先生は、よく一人で迷い、大人同士で迷い、困ったことを子ども抜きに考えようとしがち。でも、当事者を抜きにした解決は、本当の解決ではない。いつも、子どもたちと一緒に解決したい。

そして、**解決に目を向けるだけではなくて、「ボクらが本当に望むもの」にこそ目を向け続けたい**。子どもたちは何を望んでいるか、何を考え、大事だと思っているか。

一人ひとりの声を聞いて、「たち」を取り除いて、一人の子どもの願いを大切にしたいと思う。本当に願うものを達成するプロセスで、些細な問題は消えることが多いはずだ。

一人ひとりの願いから始めていく…

忘れがちなそれらを思い出させてくれるのがプロジェクト活動なんだ。

どのクラスでも「係活動」は毎年必ず行われる。だったら、**その活動をもうちょっとだけ面白いものに、もうちょっとだけ子どもが自主的に行うものに、もうちょっとだけ子ど**

もの願いから始まるものに、してみたいとは思わない？

そんな想いでこの本を書き続けてきた。その想いが読んでくださったあなたに届き、あなたのクラスで「今年はプロジェクト活動にしてみよう！」と小さな一歩を踏み出してくれたら、こんなに嬉しいことはない。

プロジェクト活動は、既存の係活動を十分に生かして取り組むことができる。そして、「プロジェクト」という名前にすると、枠組みへの意識が変わり、境界線をぼかしていくことができる。

柔軟に境界線を越えていく取り組みは、ボクのビジョンである「軽やかに先生する人を全国に増やす」ことにつながっていく。

そんな未来を願いながら、一緒に取り組んでくれる人を増やしていきたい。

ここまでお読みいただきありがとうございました。最後に謝辞を述べさせてください。

まずはクラスで出会ってくれた子どもたち。
プロジェクト活動の価値を一緒につくったのは子どもたち、感謝してもし尽くせません。こんな先生に出会ってくれた多くの子どもたち、一緒にプロジェクト活動を実践してきてくれた子どもたち、そしてヒミツキチ森学園のみんな、本当にありがとう。

続いて、前回に引き続き、ボクの本を担当してくれた、明治図書の新井さん。新井さんは今回学園まで足を運び、実際に子どもたちの姿を見る機会をつくってくださいました。縁側に座って日向ぼっこをしながら話した時間で、この本の骨組みが決まっていきました。新井さん、本当にありがとうございました。

この本のために事例提供をしてくださった、イマシュンさん、タクヤさんにもお礼を言わせてください。同じ自治体でこんなにも子どもを想う先生がいること、本当に嬉しく思います。いつか娘の担任してくれないかなぁ、なーんて。

さらには、高校生のTさん、インタビューを引き受けてくれて本当にありがとう。だいぶ前の記憶で心配だったけど、当時の話を思い出し、嬉しそうに語ってくれるTさんがいたから、書き上げることができました。本当にありがとうございました。他の子たちにも再会したい気持ちでいっぱいです。「なぜ俺を取り上げなかった」って怒られそうだけど。

一般社団法人PLAYFULのちほやん、みっちゃん、ちゃき。いつも自分のどまんなかで、子どもたちを温かく見つめるみんなと共に歩めること、大きな幸せです、ありがとう。ヒミツキチ森学園親チームのみなさんにも、いつも大変お世話になりっぱなし。子どものことで思いっきり笑える、泣ける、共創してくれるみなさん、本当にありがとう。

同じ市町村で切磋琢磨してきた先生方、本当にありがとうございます。毎年家族ぐるみのキャンプをしてくれる仲間、話聞かせてよと誘ってくれる元同僚のみなさん、いつかあなたがいる学校にもこの本届けられたら、こんな幸せなことはありません。

最後に最愛の家族へ。いつもありがとう。家族が一緒にいてくれること、笑ってくれているることが、ボクの原動力。この本の出版が、みんなの幸せにつながっていきますように。

青山雄太

参考文献一覧

「小学校学習指導要領（平成29年告示）解説　特別活動編」文部科学省
プロジェクトワークショップ編『増補版作家の時間：「書く」ことが好きになる教え方・学び方【実践編】（シリーズ・ワークショップで学ぶ）』（新評論、2018）
孫泰蔵『冒険の書　AI時代のアンラーニング』（日経BP、2023）
ジェーン・ネルセン、リン・ロット、H・ステファン・グレン著『クラス会議で子どもが変わる』（コスモス・ライブラリー、2000）
プロジェクトアドベンチャージャパン著『グループのちからを生かす―プロジェクトアドベンチャー入門　成長を支えるグループづくり』（みくに出版、2005）
深見太一著『対話でみんながまとまる！　たいち先生のクラス会議』（学陽書房、2020）
ピーター・M・センゲ著『学習する学校―子ども・教員・親・地域で未来の学びを創造する』（英治出版、2014）
諸澄敏之編『みんなのPA系ゲーム２４３』（杏林書院、2005）
マリリー・スプレンガー著『感情と社会性を育む学び（SEL）：子どもの、今と将来が変わる』（新評論、2022）
工藤勇一・青砥瑞人著『最新の脳研究でわかった！　自律する子の育て方』（SBクリエイティブ、2021）
深見太一著『アンラーンのすすめ』（東洋館出版社、2023）
インプレス教育ICT書籍編集チーム著『明日からの教室のつくりかた　スクールタクトで始めるICT活用』（インプレス、2023）
西村佳哲著『なんのための仕事？』（河出書房新社、2012）
スージー・ボス、ジョン・ラーマー著『プロジェクト学習とは：地域や世界につながる教室』（新評論、2021）
プロジェクトアドベンチャージャパン著『クラスのちからを生かす：教室で実践するプロジェクトアドベンチャー』（みくに出版、2013）

【本文で紹介したブログ記事へのリンク】

① https://ao-labo.com/naganawa/
② https://ao-labo.com/jishugakushu/
③ https://ao-labo.com/self-motivated-learning/
④ https://ao-labo.com/pairtalk/
⑤ https://ao-labo.com/schooltakt/
⑥ https://ao-labo.com/world-orientation/

【著者紹介】

青山　雄太（あおやま　ゆうた）

ヒミツキチ森学園グループリーダー。

15年間，公立小学校教諭を務めたのち，2020年にオルタナティブスクール「ヒミツキチ森学園」を仲間と共に立ち上げ，グループリーダー（担任）に就任。「自分のどまんなかで生きる」「軽やかに先生する人を全国に増やす」「子どもたちと未来をつくる仕事をして社会に貢献する」をビジョンに，幅広く活動中。月10万回以上読まれている「あお先生の教育らぼ」を運営する他，先生向けの講座や，現職の先生のリフレクションに伴走するなど，教育関係者の手助けをしている。手帳術やタスク管理など，軽やかな先生の働き方につながることをコミュニティやVoicyで発信中。著書に『先生が知っておきたい「仕事」のデザイン』（明治図書）がある。

HPで情報発信中！▶

係活動にちょっとひと工夫
「プロジェクト活動」のススメ

2024年３月初版第１刷刊　©著　者　青　山　雄　太
2024年９月初版第２刷刊　発行者　藤　原　光　政
発行所　明治図書出版株式会社
http://www.meijitosho.co.jp
（企画）新井皓士（校正）高梨　修
〒114-0023　東京都北区滝野川7-46-1
振替00160-5-151318　電話03(5907)6701
ご注文窓口　電話03(5907)6668

＊検印省略　組版所　株式会社アイデスク

Printed in Japan　ISBN978-4-18-280924-8

もれなくクーポンがもらえる！読者アンケートはこちらから →